最新版 戦略PR

世の中を動かす新しい6つの法則

本田哲也

ディスカヴァー携書
230

人は確かに、無色透明で
その存在を意識的に確認できにくい
「空気」に拘束されている。

山本七平『「空気」の研究』（1977年）

あるひとつの考えを広めるために最も有効な方法は、
現代社会の構成がどうなっているかに注目し、
その仕組みを利用することだ。

エドワード・バーネイズ『プロパガンダ』（1928年）

序文　最新版の発刊にあたって

現代は、明日には何が起こるかわからない、先の見えない時代である――ここ数年間で繰り返し言われ続けてきた言説は、２０２１年の僕たちには大きなリアリティだ。

新型コロナウイルスの感染拡大は、「本当に世の中は何が起こるかわからない」という実感を世界中の人々に与え、企業と社会の関わり方や情報発信のあり方にも大きな示唆を与えた。ブランドからの一方的なコミュニケーションは見直しを迫られ、より生活者に「寄り添う」ことが必要になる。ステークホルダーは多様化し、企業は社会の中における存在意義（パーパス）を問われる。こうした変化を背景に、社会と企業をつなぐPR（パブリックリレーションズ）が重要になることは疑うべくもないだろう。

今回、本書を改訂するにあたって、まず事例の半分近くを入れ替えた。もちろん、「事例は新しければよい」というものでもない。戦略ＰＲを理解するにあたって普遍性のある事例は残しつつ、２０２１年のカンヌライオンズＰＲ部門における受賞キャンペーンを含む国内外の最新事例をバランスよく盛り込んだつもりだ。また、いくつかのデータや資料を、できる限り最新のものにアップデートした。

ＰＲはもはや、「時代の要請」だ。旧版を刊行した4年前、マスクとリモートワークの日々は想像すらできなかった。先の見えない不確実な時代だからこそ、必要になるのは正しい「羅針盤」である。本書がすべての読者にとって、新たな日常を生きるコンパスとなることを祈っている。

はじめに

まず断言しよう。次のような疑問に対する答え（あるいはそのヒント）を求めているなら、あなたが本書を手にとったことは、お互いにとって幸運な出会いになるはずだ。

なぜ、ある商品が急に話題になるのか？
なぜ、歓迎される情報と拒絶される情報の「差」が生まれるのか？
なぜ、「リバイバルブーム」は起こるのか？
どうすれば、人の行動は変わるのか？

本書は、「戦略ＰＲ」について解説する最新書である。そもそもＰＲとは何か。その答えをひとことで言い表すのは難しく、本書全体を通じて理解いただけるはずのものであろう。だが、ここであえて抽象度高く表現すれば、**ＰＲとは「世の中を舞台にした情報戦略」**

である。そしてPRの究極の目的は、「人の行動を変えること」にある。

世の中とは、もとより複雑なものだ。さまざまな力学や利害関係、「大人の事情」が影響し合う。あたかも、いくつもの仕掛けを連鎖的に作動させる精巧な腕時計のムーブメントのように。そして、情報爆発や消費行動の多様化が、それをさらに複雑なものにしている。そんななか、企業がその目的を遂げるために人や社会を動かそうとする試み——マーケティングや企業コミュニケーションは、ますます難しくなっている。

しかし一方、あながち悪いことばかりでもない。複雑化した世の中では、同時にその「可視化」も進んでいる。ソーシャルメディアとスマホの普及によって、僕たちの情報消費リテラシーは飛躍的に向上した。これまで見えなかったものが見えはじめ、隠されていた社会のしくみも徐々に衆目にさらされる。企業の詭弁はたちまち見破られ、芸能界の裏事情は周知の事実となる。メカニズムが見えなかった精巧な腕時計のカバーは、もはや「半透明」に近いのだ。危機管理が重要になった反面、前向きにとらえるならば、**これまで以上に世の中のしくみや社会関心を戦略的に活用できる時代**でもある。そして、それこそがP

Rの領域に他ならないのだ。

本書では最新の事例を交えながら、世の中を動かすPRの法則を解き明かしていく。

序章では、戦略PRの役割について述べたい。社会常識を変え、新たな「買う理由」を生み出すことについての説明だ。続く第1章では、「PRとは」のおさらいを経て、ここ10年の情報環境変化と「空気」の細分化について論じる。第2章ではPRの究極目的であるビヘイビアチェンジ（行動変容）と、社会関心を活用するノウハウについて解説。第3章では、日本のはるか先をいくグローバルPRのダイナミズムを紹介する。

第4章以降は、本書のタイトルでもある「6つの法則」を、最新の国内外PR事例とともに取り上げていく。社会性を担保する「おおやけ」（第4章）、偶然性を演出する「ばったり」（第5章）、信頼性を確保する「おすみつき」（第6章）、普遍性の視座である「そもそも」（第7章）、当事者性を醸成する「しみじみ」（第8章）、機知性を発揮する「かけてとく」（第9章）がそれだ。そして終章では、「日本発で世界を動かす」をテーマに、これからの日本に必要な「世界に向けたPR」について論考したい。

遅くなったが、自己紹介をしておこう。現在はＰＲストラテジストとして独立しているが、僕は過去20年ほどの間、世界4位の米系ＰＲ会社グループに身を置いていた（この話は3章で、あらためてお話しする）。世界的にブログなどのニューメディアが勃興してきた２００６年、戦略ＰＲの専門会社をグループ内に新設した。リーマンショックが冷めやらぬ２００９年、それまで実践してきたＰＲを体系的に示したい、ＰＲが本来もっている戦略性を少しでも伝えたいとの思いから、本書のいわば原型とも言える、『戦略ＰＲ』（アスキー新書）を上梓した。ありがたいことにこれがベストセラーとなり、２０１１年には事例を当時の最新のものに差し替えた、『新版 戦略ＰＲ』（アスキー新書）も刊行。広告やマーケティングに従事するみなさんや、この仕事に関心のある学生の方のほか、多くのビジネスパーソンの方々に対して、ＰＲの価値を再認識していただく一助となれたのではないだろうか。

年月が経ち、「ＰＲブーム」といわれた時期も過ぎた。マーケティングや企業コミュニケーションにおける「戦略的なＰＲ」の必要性はおおむね認識されたかに見える。これは大きな進歩だが、とはいえ世界的に見れば、まだまだ周回遅れ。一方で、この約10年の間に浸透したフェイスブックやツイッター、インスタグラムに代表されるソーシャルメディアとスマホは完全に僕たちの生活インフラとして定着し、「リアルの補完」だったデジタルマーケティングが主役を張りはじめた。「マーケティングのデジタル化」の幕開けである。まあ平たくいえば、「約10年でずいぶん変わった」ということだ。

そこで僕は2017年に、『戦略PR』をまったく新しく書き下ろすことにした。それが本書の旧版にあたる。普遍的な考え方とフレームワークはそのままに、大きく2つの方向性でアップデートした。ひとつはこの間の急激な情報環境変化を反映させたこと。そしてもうひとつは、グローバルな視点を全編に持ち込んだことだ。

これにより、グローバルな潮流の中でのPRの役割を、最新のマーケティング環境を前提に解説することができたと自負している。

2009年に上梓した初代『戦略PR』、その翌々年に刊行した『新版 戦略PR』、そして2017年刊行の『戦略PR 世の中を動かす新しい6つの法則』(本書の旧版)をすでに読んでくださっている読者のみなさんには、ぜひこの間の進化を意識しつつお読みいただければ幸いだ。そして本書が戦略ＰＲとの出会いとなる新しい読者には、ぜひ先入観なしに、刺激的で知的でエキサイティングなＰＲの世界を知ってもらいたい。

あいにく僕自身はといえば、この10年以上も休むことなく、愛してやまないＰＲの仕事に日々没頭していた。そうした状況下では、何が新しいことで何が変わらないことなのか、時としてわからなくなることがある。そこには細心の注意を払って執筆したつもりだが、ところどころにその名残が残っていたら、どうかご容赦いただきたい。

本書との出会いが「幸運」だけで終わらず、あなたのビジネスや仕事に何らかの「意味ある影響」をもたらすことを切に願っている。

本田哲也

最新版 戦略ＰＲ　世の中を動かす新しい６つの法則

目次

第1章　戦略PRは空気づくり

第2章　人を動かす「社会関心のレシピ」

第3章　これが世界のＰＲだ

第6章　「おすみつき」の要素――「信頼性」の確保
多様化する「インフルエンサー」の影響力

第8章　「しみじみ」の要素——「当事者性」の醸成
「自分ゴト化」させ感情に訴えるストーリーテリング

終章　世界を動かすＰＲ

購入者特典：

本書で紹介している「6つの法則」を一覧にまとめたチェックシート（PDF）をダウンロードいただけます。詳しくはこちらをご覧ください。

特典ページURL
→ https://d21.co.jp/special/strategypr
ログインID → discover2774
パスワード → strategypr

序章

社会常識に挑み、「買う理由」をつくる戦略ＰＲ

「買う理由」の代理戦争

毎年、数えきれないほどの新商品が世に放たれる。僕たちは1日およそ4000を超える企業のブランドメッセージを浴び、70％の新商品は10年未満で姿を消す（梅澤伸嘉『ヒット商品打率』同文館出版より）。商品のコモディティ化はますます進み、テクノロジーはどんどん汎用化する。商品やサービス自体で差別化することが、日に日に難しくなっている。それが、いまの世の中だ。

こんな時代にビジネスやマーケティングの現場で起こっているのは、いったい「何の戦い」なんだろうか。「そりゃあ、競合他社との競争やカテゴリーにおけるシェアの奪い合いでしょう」という声が聞こえてくる。

それはそうだ。そうではあるが、少しモヤッとしないだろうか？

ここで、僕は断言したい。**いま起こっているのは、「買う理由」同士の戦いなのだ。**

情報洪水と消費飽和の時代には、商品そのものの差別化はおのずと難しくなる。「物欲」のあり方も変わる。生活者の可処分時間の取り合いが激化し、「敵」は同一カテゴリー内のライバルとは限らない。だから、商品やサービスそのものよりも「買う理由」のほうが重要になっていく。

そもそもソレが必要なのか。必要性があるとしたら、なぜそれが必要なのか、という理由だ。

「マインドシェア」という考え方がある。特定のブランドや商品が、消費者の心の中でどの程度好ましい位置を得ているかという比率だ。「市場シェア」とは異なる基準として、マーケティングの基礎的な要素である。

しかし、いま注視すべきは商品のマインドシェアではなく、むしろ**「買う理由」のマインドシェア**なんじゃないかと、僕は思う。たとえば、自動車というカテゴリーの中で、「ブランドAよりブランドBのマインドシェアが高い」ということよりも、その人の心の中にまず「買う理由」をつくりだすこと。そこに問題意識やチャンスを見出したほうが、いまの時代は成功につながるのではないか。

商品同士やブランド同士の競争は、もはや「買う理由」の代理戦争でしかないのかもしれない。だから、これからはこんな発想が重要になる。

「商品をつくる」よりも「買う理由をつくる」

画期的な商品の企画はもちろん重要だが、同時に、画期的な「買う理由の企画」も同じくらい大事になってくるはずだ。「買う理由の企画」とは、商品のネーミングや価格やパッケージに凝ることでも、効果的なプロモーションを考えることでもない。それらとは、まったく異なるアプローチが求められている。

「わかるような、わからないような……それはつまり、具体的にどういうこと？」

ごもっともだ。まだボヤッとしている。そもそも、「買う理由」とは何だろう？　いわゆる「消費者ニーズ」ともちょっと違う。「買う理由」の正体とは何だろうか？

「いい○○」の社会常識を変える

ところで僕たちは、あるカテゴリーに対して、ある程度の共通認識を持っている。たとえば、「いいクルマといえば、エコカーだよね」というように。

このような「いい○○＝××」という認識、言いかえれば社会常識は、いつの時代も変わらないかというと、そうではない。むしろ、時代とともに移り変わっていくものだ。

自動車を例にとってみよう。1980年代に「いいクルマ」といえば、トヨタのソアラや日産のシルビアなど、見た目のよいクーペが主流だった。

それが1990年代に入ると、トヨタのセルシオや日産のシーマなど、ラグジュアリーで乗り心地のよい自動車が「いいクルマ」を代表するようになる。

それが2000年代には、ホンダのステップワゴンや日産のセレナのような、子どもと出かけるのに便利で快適な車内空間があることが、「いいクルマ」の条件に変わってきた。

そして２０１０年代からは、トヨタのプリウスや日産のリーフに代表されるエコカーが「いいクルマ」の代名詞だろう。

もちろん、自動車には嗜好性がつきもの。「いや、オレの中ではいつでもハイパワーな『アメ車』がいいクルマだぜ！」というのもけっこう。ここで言いたいのは、ある程度の母数を持った社会的な認識のレベルだ。


自動車の例はわかりやすいが、明らかに、「いいクルマ」に対する「社会的合意」は、10年周期ぐらいで移り変わっている。これは言葉を変えれば、「いい○○」の再定義が繰り返されているということだ。

これを、P&Gでアリエールの除菌導入を指揮し（31ページ参照）、現在はクー・マーケティング・カンパニー代表の音部大輔氏は、「属性順位転換」と呼んでいる。氏の言葉を借りよう。


「どの年代のクルマもすべて『いいクルマ』なんですが、定義がかなり違う」

「定義には2種類あります。まず消費者ニーズという大きな括《くく》り。これを『ドライブに行きたい！』だとしましょう。この大きな括りに対して、『では、ハイパワーで見栄えのいいクーペを！』なのか、『では、子どもたちが楽しめる広い車内空間を！』なのか、『では、家計や環境への低負荷を！』なのか。これが具体的な属性です。大きな括りを変えるのは難しいですが、この属性は変えることができる。それが、属性順位を転換するということです」

この「属性順位転換」が当てはまる事象、実は世の中にけっこうある。

たとえば洗濯洗剤。それまで「とにかく白く洗い上がるのがいい洗剤」という属性が、2000年代頃から「除菌ができるのがいい洗剤」という属性に転換された。

たとえば自動車教習所。「厳しく教えてくれるのがいい教習所」から、最近は「ホメて伸ばすのがいい教習所」へと転換しつつある。

思えばアイドルだって、「遠く憧れの存在」が「会いに行ける存在」に変わった。そういった意味では、AKB48はアイドル市場における属性順位転換を果たしたわけだ。

これが、「買う理由」とおおいに関係する。「いい○○」という定義がAからBに変わるということは、すなわち「買う理由」も変化するということだからだ。

属性順位転換を起こすこと、すなわち「いい○○」を再定義することで、新しい「買う理由」が生まれるのだ。

「属性順位転換」を意図的に仕掛ける

では、この属性順位転換を、意図的に仕掛けるにはどうすればよいのか。

自動車の例のように、属性の転換は大きな社会変化（たとえば、家族重視の風潮）の影響を受けたり、革新的なテクノロジー（たとえば、ハイブリッド技術）がきっかけで起こったりする。となれば、属性転換は、世の中の流れが移り変わったり、最新技術が登場したりするのを、ただ指をくわえて待つしかないのだろうか。

そんなことはない。**属性順位転換を意図的に起こす方法論――それが「戦略PR」なのだ。**戦略PRによって「いい○○＝××」という社会常識を変え、新たな「買う理由」を生みだすことができる。そのことについて詳しく見ていきたい。

ひとつ例をあげよう。かつて洗濯洗剤の分野で属性順位転換を実現したP&Gの「アリエール」。その裏には戦略PRの仕掛けがあった。

「スプーン1杯で驚きの白さに」は、1987年に発売された花王「アタック」の有名なキャッチコピー（昭和生まれなら知らない人はいないだろう）だ。アタックの登場以来、日本における「いい洗剤」とは、長い間「白く洗いあがること」だった。ライバルであるP&Gやライオンの商品コピーも「比べてくださいこの白さ」や「白さきわだつ」と追随。とにかく「いい洗剤は白さ」が社会常識だったわけだ。

2000年代になって、この常識を一気にひっくり返したのが、P&G「アリエール」だ。アリエールは洗濯洗剤市場に、「除菌」という属性を新たに持ち込んだ。「洗浄力に、除菌力」とキャッチコピーも変え、除菌効果の高い洗剤であることがアリエールの売りになった。

しかし、洗剤の属性順位を変えるにはまだ不十分だ。「いい洗剤＝除菌」とするには、「なぜ洗濯時に除菌をしなければいけないのか」というそもそもの理由、つまり「買う理由」を日本の主婦に広く知ってもらう必要があった。

そこでP&Gが展開したのが、洗濯除菌啓発の戦略PRだ。まずP&Gは、細菌の専門家と共同実験を実施。洗濯乾燥後のタオルから1グラムあたりおよそ220万個のバイ菌が検出された。また一方で、洗濯物に残ったバイ菌が、それを干すことで手に移ってしまうことも検証された。さらに消費者調査によって、洗濯と食事の準備を同時に進めている家庭が7割以上あること、洗濯物を干したあと手を洗わない主婦が8割以上いることがわかった。

P&Gはこうした情報をまとめあげ、啓発情報としてメディアに提供。「キレイになったはずの洗濯物にバイ菌が残存」というニュースは、たちまち新聞やテレビなどマスコミの興味をおおいに引くところとなり、「奥様ご注意！ 洗濯物に残るバイ菌」「洗濯ご注意！細菌いっぱい増殖」などのヘッドラインが全国紙の生活面やワイドショーに躍った。まさに、「洗濯には除菌も必要」という空気が世の中にできあがったのだ。

「洗濯除菌」の報道が広がれば広がるほど、除菌力を売りにするアリエールが求められる世の中になっていく。こうしてアリエールは、見事に洗濯洗剤における属性順位転換を果たした。

このように、「買う理由」をつくるのが戦略PRの大きな役割である。新しい「買う理由」を世の中に創出することで、属性順位転換を意図的に起こしていくのだ。

ここでは「元祖」ともいえる、わかりやすいアリエールの事例を紹介したが、続いて他の事例も見てみよう。

「いいベビーカーとは」の常識に挑んだピジョン

ピジョンは哺乳器や離乳食などのベビー用品全般を扱う国内メーカーだ。お子さんがいる家庭なら、ひとつくらい同社の商品を利用したことがあるのではないだろうか？

そのくらいベビー用品の世界では圧倒的な知名度を誇るピジョンだが、あるジャンルの商品だけは苦戦を強いられていた。それが、ベビーカーだ。
日本市場は同業のアップリカとコンビの「2強」でほぼ8割のシェア。ピジョンは5%以下に甘んじていた。そんななか、ベビーカー市場へ本格参入する起爆剤として、2014年に新商品「ランフィ」の投入が決定した。

これまで日本で「いいベビーカー」といえば、「軽い」「ファッショナブル」などが主流。後発のピジョンとしては、こうした属性を追随するわけにはいかない。ランフィの差別化をはかる、新しい属性が求められる。さまざまな要素が検討されたが、最終的にピジョンが注目したのが、ランフィの「大きなタイヤ」だった。

一般的なベビーカーのタイヤ径は13・8センチだが、ランフィはそれよりも大きい16・5センチ。大径タイヤなので、段差を乗り越えやすいという特徴を持っていたのだ。こうして、「いいベビーカーは大径タイヤ」という属性順位を転換することが目標となった。

さて、次なる問題は「買う理由」だ。なぜ、大径タイヤのベビーカーを買わなければいけないのか?——その理由を世の中に提示し、目の厳しい日本の母親たちを納得させさせなければならない。この役割を担うべく、戦略ＰＲが展開された。

まず、ピジョンはベビーカーユーザー１０００人に意識調査を実施。80％がベビーカーで段差を乗り越えるときにストレスを感じていることがわかった。しかし、購入時に段差が乗り越えやすいことを重要視する人は１％にも満たなかった。やはりというか当然というべきか、ベビーカー使用時にもっとも重要なのは子どもの安全性であるという人が最多の55・７％という調査結果が出た。

このことから、「いかに段差でつまずくことが問題か」を啓発することがＰＲの最大ポイントになる。８割もの人が感じる「段差でのストレス」とは、いったいどのくらいの衝撃なのか。これをインパクトをもって世に出すことが、戦略ＰＲのミッションとなった。

段差での衝撃を実証するために白羽の矢が立てられたのは、赤ちゃんの「揺さぶられっ子症候群」の原因を究明した東京工業大学および産業技術総合研究所。デジタルヒューマン工学という人体の安全性を物理学とシミュレーションによって検証する新しい学問によって実証実験をしたところ、段差でつまずいたときにベビーカーにかかる衝撃は、なんと「自動車の急ブレーキの5倍」だということが実証された。さらに、一般的なタイヤ径のベビーカーよりもランフィのほうが、軽い力で段差を乗り越える能力が高いということも裏づけされた。

この事実は、PRの大きな武器となった。情報をまとめメディアに発表すると反響は大きく、大手新聞には「車道と歩道の段差、リスク軽減」と大きな記事掲載が実現。「衝撃和らげるベビーカー注目」とランフィにも言及された（資料1上）。

2014年12月には、都内で製品発表会を実施。およそ100名のメディアが出席したイベントには、タレントの瀬戸朝香もママ代表として登場し、「段差のストレス」についてトークを展開した。追い討ちをかけるように、このPRストーリーをベースにしたテレビCMなどの広告展開が2015年から開始された。

かくしてキャンペーンは成功。「段差乗り越え性」はベビーカー選びの新たな指標となり、300を超えるメディア露出を通じて、高い「段差乗り越え性」を有するベビーカーとしてランフィが紹介された。

極めつけは、大手新聞の「新製品バトル」という有名なコーナーだ（資料1下）。記事

資料1｜2015年1月14日「産経新聞」（東京版）、同年2月11日「日本経済新聞」記事

衝撃和らげるベビーカー注目

車道と歩道の段差、リスク軽減

車道と歩道の境目のちょっとした段差で赤ちゃんを乗せたベビーカーがつまずくことは多い。この際の衝撃は意外と大きく、赤ちゃんの転落事故につながる可能性もある。こうした衝撃を和らげつつ、携帯性に富んだベビーカーが登場しており、注目を集めている。（兼松康、写真も）

投げ出され転落も

「ガターン!」

ベビーカーが段差に接触すると同時に、大きな物音がして車体の後輪が跳ね上がり、赤ちゃんを模したダミー人形の頭部もふわりと浮き上がった。

独立行政法人の産業技術総合研究所（産総研）が行った検証実験。ベビーカーのタイヤの直径によってはわずか2㌢の段差でも大きくつまずくリスクがあることが明らかになった。

実験では、現在、日本で多く使われる一般的なベビーカーとして、タイヤ径が13・8㌢のものを使用。4人の女性が各3回、ベビーカーを歩く速度とほぼ同じ時速約5㌔で押して2・5㌢の段差に乗せた際に、ベビーカーに乗せたダミー人形の赤ちゃんの頭部にかかる負担などを計測した。

その結果、頭部には頭の重さ（質量）の2・52倍の負担がかかっていた。

産総研の北村光司主任研究員によると、この頭部への負担は「脳に影響が出るような値ではない」という。だが、つまずくことで赤ちゃんが前に投げ出され、転落事故につながる事例もある。

国土交通省の省令は、横断歩道から歩道に上がる場所に約2㌢の段差を設けるよう定めている。視覚障害者が車道と歩道の区別がしやすいようにするためだ。

ただ、ベビーカーの場合は、この段差がつまずきの原因となり、思わぬ事故に発展することもある。このため、国交省は昨年3月、段差によるつまずきに対する注意を呼び掛けた。

タイヤ径16・5㌢

産総研の実験では、ベビーカーを下り坂で自然に走らせた場合、タイヤ径13・8㌢のベビーカーが2・5㌢の段差を乗り越えられなかったのに対し、16・5㌢のベビーカーは乗り越えることができた。

「段差を乗り越えやすくするためには、タイヤの直径を大きくすればいい」と北村研究員は説明する。

とはいえ、タイヤを大きくすればベビーカー全体が大きくなり重量も増す。海外ブランドのベビーカーには、タイヤ径が20㌢を超えるものもあるが、持ち運びやすさとは両立しない。

ベビー用品大手、ピジョンは、タイヤ径16・5㌢のベビーカーを、昨年12月に発売。女性が片手で運べる5・4㌔の重さで、好評を得ているという。

赤ちゃんへの衝撃を和らげる工夫をした構造のベビーカーも人気で、ベビー用品大手、コンビは「エッグショック」と呼ばれる衝撃吸収素材を平成10年に導入。昨年12月には高反発マットレスパッド「エアウィーヴ」を採用したモデルも発売した。ベビー用品大手、アップリカ・チルドレンズプロダクツは車体のぐらつきを抑えるフレームや振動を吸収するサスペンションなどを入れた「マルチショックレス構造」を23年に導入、昨年10月発売の最新モデルにも採用している。

横断歩道から歩道に上がる境目など段差は街のいたるところにある＝東京都中央区

タイヤ径16.5㌢のピジョンの新型ベビーカー

段差を気にするママは58.8%

ピジョンが昨年10月に1000人を対象に実施した「ベビーカーの安全性に関する意識調査」によると、「ベビーカーを押していて大変だと感じた場所」として、最も多かったのが「車道と歩道での段差」で58.8%に上った。「実際に段差に引っ掛かったことがある」人も全体の76.4%いた。

ところがベビーカー購入時に、段差の乗り越えやすさを重視した人はわずか0.5%。これは購入する際の店舗の床が滑らかなため、段差に気付くことはなく、「実際に屋外で使用して初めて、街に段差が多いことに気付くため」と同社は解説している。

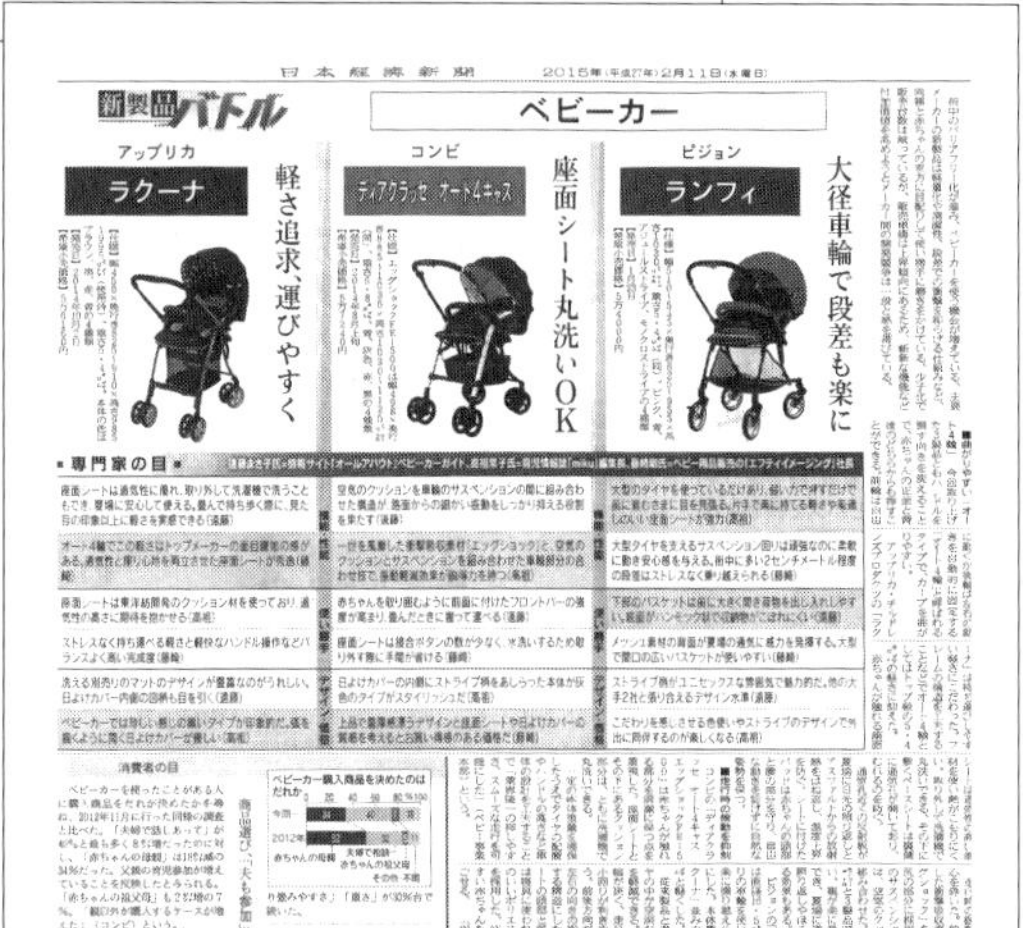

日本経済新聞　2015年（平成27年）2月11日（水曜日）

新製品バトル　ベビーカー

アップリカ　ラクーナ　軽さ追求、運びやすく

コンビ　ディアクラッセ オート4キャス　座面シート丸洗いOK

ピジョン　ランフィ　大径車輪で段差も楽に

専門家の目

消費者の目

ベビーカー購入商品を決めたのはだれか

では3つのベビーカーが紹介され、2強であるアップリカとコンビの製品と並んで、ピジョンのランフィが「大径車輪で段差も楽に」と登場。「いいベビーカー」の定義のひとつに、「大径タイヤ」が認められた格好となった。

こうした露出の影響はベビー用品店などの店頭にも及んだ。店員が、ベビーカー選びの判断基準のひとつとして大径タイヤを勧めるようになり、納得した母親が購入を決定していく。まさに、戦略PRによって「買う理由」が世に広まり、属性順位転換が起こったのだ。

ランフィは発売から約2ヶ月で年間販売想定の35%にあたる7000台を売り上げ、高価格帯ベビーカーにおけるピジョンのシェアは12・6%まで拡大した。

PRはあなたが戦う「土俵」をつくる

いかがだろうか。属性順位の転換がいかにマーケティングにおいて重要かということ、そしていってみれば、その「土俵」をつくるのが戦略PRであるということが、少しはおわかりいただけたかと思う。

社会常識を変える。新しい「買う理由」を生みだす――こう考えると、PRがビジネスにおいていかに大切な役割を果たしているかが見えてくるだろう。そんなPRの緻密さ、大胆さ、そしてその面白さを、本書ではこれから存分に語っていきたい。

そろそろ導入である序章の紙面も尽きてきた。読者のみなさんのPRへの興味が一気に高まったことを期待しつつ、次に進んでいこう。第1章では、そもそもPRとは何か？という話から始めていきたい。

この章で紹介した事例

- P&G「アリエール」（洗濯洗剤）
  → 31ページ

- ピジョン「ランフィ」（ベビーカー）
  → 33ページ

第1章

戦略PRは空気づくり

戦略ＰＲは空気づくり

同じ商品カテゴリーなのに、なぜ「売れるもの」と「売れないもの」が生まれるのか？――それは「商品力」や「宣伝力」の問題ではない。その商品が売れるための「空気」ができているかどうか、だ。商品を売るためにつくり出したい空気＝「カジュアル世論」をつくり、売上につなげる。それが「戦略ＰＲ」なのだ。

『戦略ＰＲ』（アスキー新書）

これが、２００９年に刊行した拙著『戦略ＰＲ』で僕が提唱したことのすべてだ。「情報洪水」と「疑り深い消費者」の登場――劇的に変化した環境の中、どうしたら商品の良さをわかってもらえるのか、どのメディアを使えば伝わるのか、何をすれば消費者は振り向いてくれるのか、必死にもがいていた企業や広告業界。戦略ＰＲはそんな人々に、目からウロコが落ちたような思いを抱かせたのではないかと思う。それまでの広告キャンペーン主導型のやり方とは発想が違ったからだ。

「空気をつくる」とはどういうことか。みなさんにご理解いただくために、「おむつ」の事例を紹介しよう。

そのおむつは、従来品よりスリムで吸収力も向上させた自信の新商品だったが、それを購買層である母親たちにどのように伝えていくか。王道的な方法なら、テレビCMでブランドを訴求し、店頭プロモーションで伝えようとするだろう。しかしすでにブランドの認知率は100％近い。また店頭は価格競争の真っ只中だ。

そこでメーカーは、戦略PRの手法に着眼した。具体的には、「赤ちゃんの睡眠」の話題を喚起し、「快適な睡眠環境を提供するおむつ」の購買に結びつけた——つまり、「空気づくり」を行い、それを商品へとつなげたのだ。

メーカーはまず小児睡眠の専門家と協力し、「赤ちゃんの睡眠」に関する国際調査を実施。日本の赤ちゃんの睡眠環境がいかに問題か（日本の赤ちゃんの実に50％近くが夜10時以降まで起きているなど）というデータを整備し、それを発表した。この事実をマスコミはこぞって報道し、ソーシャルメディア上のクチコミも急増。「赤ちゃんの睡眠が問題である」という空気が、ものの2ヶ月ほどの間に醸成されることになった。

このタイミングでメーカーは、最小限の投資で広告と店頭施策を展開した。メッセージは当然、「あなたの赤ちゃんの睡眠を考えたブランドです」。その結果として、赤ちゃんの睡眠の空気づくりと、その解決策と位置づけた商品訴求が功を奏し、売上は向上した。

注目すべきはまず、インターネットの普及により情報コンテンツの主役が企業から消費者へと移行する中で、**「オレがオレが」という企業発信の情報よりも、報道情報やクチコミの影響力が増していった**ということだ。

そうしたメディア状況下においては、「企業が主語」ばかりではダメで、「第三者話法」を取り入れないといけないということに、企業もやっと気づいた。2008年のリーマンショックで世界的に広告投資が見直されたことも、それを後押しした。そんななか、「戦略PR」は一躍注目の的となっていった。

しかし世界的に見れば、戦略PRそれ自体は従来からある発想である。むしろ、本来PRは次項でも述べるとおり、戦略的であるべきものだ。

戦略ＰＲが日本で一気に注目されたのは、「空気」という説明が、日本企業や広告業界の人々の心に刺さったからではないだろうか。僕たち日本人は古来、「空気」を大事にしている。老若男女問わず、「空気」といえばピンとくるというわけだ。

そもそもＰＲって？

ここで少し、「そもそもＰＲって何だ？」という話をしておこう（ＰＲについて既に理解のある読者は読み飛ばしていただきたい）。

ＰＲとは、本来はパブリックリレーションズ（Public Relations）の略で、直訳すれば、「公的な（Public）関係性（Relations）」という意味だ。仮に企業であれば、消費者はもちろん、株主や取引先企業、従業員、メディアや専門家といった周囲の利害関係者たちと良い関係を築き、それを維持するということになる。

少し堅い言い回しになってしまったが、要は「企業や組織がいかに世の中とうまくやっていくか」。そのための戦略やノウハウの総称が「ＰＲ」というわけだ。

日本では、ＰＲといえば「パブリシティ」であると思われがちだ（同じＰで始まるからややこしい）。メディアに取り上げてもらう、そのためにプレスリリースを書く、取り上げてもらうためのプレスリリースの書き方とは……と、話がどんどんしょぼくなる。

そうかと思えば、ＰＲは「広報」であるともいわれる。広報の定義とは「個人または組織体が、その関係する公衆の理解と協力を得るために、自己の目指す方向と誠意を、あらゆるコミュニケーション手段を通じて伝え、説得し……（ずっと続く）」という具合。

あるいは、多くの学生が就職活動ですり込まれる「自己ＰＲ」という言葉から、「ＰＲとは、とにかく売り込むこと」とも誤解されがちだ。

しかしそもそもＰＲは、18世紀後半、米国の独立戦争が起源とされる。英国からの独立を果たすために（事業目的）、どうやって世論を喚起するか（ＰＲ戦略）という手法が発達した。それが政治の世界から民間企業のマーケティングへと応用されてきたというわけ

表1｜広告とPRの違い

広告		PR
買う	広告枠を買うか買わないか	買わない
低い	信頼性が高いか低いか	高い
しやすい	コントロールしやすいかどうか	しにくい

だ。

日本ではとりわけ、「広告との違いは？」という問いがいまだに少なくない。

表1を見てもらおう。ここ数年で広告とPRの融合も進んだので、あくまで「教科書的」な整理だ。

ひとつめは、広告枠を買うかどうか。

広告はテレビや雑誌の「枠」を購入し、そこに企業が発信したい内容を「出稿」する。対してPRはメディアやインフルエンサー（影響者。第6章で詳述）に「情報」を提供するのみ。それを取り上げるかどうかは彼らの判断だ。

このことが、2つめの「信頼性」につながる。お金を払って言いたいことを言うのと、第三者の報道やクチコミとどちらが信頼されやすいかは、想像に難くないだろう。

最後に「コントロールしやすさ」。これはPRの弱点でもある。発信したい情報がいつ、どこで、どんな形で世の中にでるか、これが他人様まかせになるため100%のコントロールは不可能。逆に、ペイドメディアである広告手法の強みはここにあるともいえる。

PRは「ステマ」なのか?

ここ数年、ニュースでよく見かけるようになった言葉に「ステマ」がある。ステマとは「ステルスマーケティング」の略で、ウィキペディアには「消費者に宣伝と気づかれないように宣伝行為をすること」とある。

一般的に日本でステマが広く認知されたのは、2012年のいわゆる「ペニオク事件」だろう。入札の度に手数料が必要になる形式のインターネットオークションサイト、いわゆるペニーオークションサイトを舞台にした事件で、事実上は落札できない商品をあたかも激安で落札したかのように装ってブログに投稿したとして、複数の芸能人が追及された。世界的にも、ステマの報告が目立ちはじめたのは2005年頃からで、これはブログやSNSの個人発信メディアの勃興に時を同じくする。

皮肉なことに、メディア環境の変化でパワーアップしたクチコミやPRの手法が成果を出せば出すほど、それを安易に利用しようという発想がステマにつながった。いわば、ステマはそうした新しいマーケティング手法の「ダークサイド」として登場したわけだ。

ステマ問題はその後も広がりを見せ、日本独特ともいえる「ノンクレ（ノンクレジット広告記事）」の問題に発展する。広告主がお金を払ったコンテンツなのに、その表記（クレジット）がないことが問題視された。2015年には、ヤフーがこうしたノンクレ記事を扱うメディアの排除宣言をし、実際に「Yahoo！ニュース」において、一部のニュース提供社は契約を解除された。

いずれにしても、要は「真意を隠して宣伝するとかセコいことするな！」というわけで、その指摘自体は法的にも倫理的にもまっとうな話である。タチの悪いステマは撲滅されるべきだ。

問題は、「PR＝ステマ」というパーセプション（物事の見え方）が醸成されてしまうこと。「PR＝パブリックリレーションズ」という理解がまだまだ乏しい日本において、これは脅威だ。だからこそ、PRパーソンやPRを実行する企業は指針をしっかり持って臨むべきである。とはいえ妙に萎縮する必要はないと僕は考える。一方、受け手である生活者は、まず情報の背景を疑って見ることだ。その背景に「特定の利害」が見え隠れしていないかを判断することで、偏った情報から自身を守ることができる。

ここでは、ステマとPRの違いを生む、2つの重要な視点をあげておこう。

1　「関係性の明示」の視点

ひとつめは情報の開示にまつわること。相手がメディアであれインフルエンサーであれ、PR主体企業や組織との「金銭の授受」の有無が論点となる。「あったからダメ」「なかったからOK」というものではなく、重要なのは**「何の対価だったのか」**だ。

たとえばインフルエンサーに物品を提供する場合、「紹介してくれることを期待して供与する」のはセーフだが、「紹介してくれることの対価として供与する」のはグレーということになろう。これを「関係性の明示」という。

2 「編集権の所在」の視点

2つめは、「編集権」あるいは「編成権」。これらは「提供された情報をどう扱うか」という権利であり、「どう扱うか」には、内容はもちろんのことタイミングも含まれる。テレビであればいつ放送するか、新聞であればいつ記事にするか、ブロガーであればいつ投稿するか。それがPR活動の一環であれば、どんなに予算があろうと「編集権」を買うことはあってはならない。権利所在がメディアなど第三者にあるという事実が重要になる。逆にいえば、編集権ごと買い上げてしまうと「広告」になる。

ソーシャルメディアの浸透で細分化する「空気」

さて。時代は進化した。この10年ほどの間で、もっとも大きな変化は何か。言うまでもなく、ソーシャルメディアの浸透とスマートフォン（以下、スマホ）の普及だ。

２００９年に刊行した拙著『戦略ＰＲ』には、「スマホ」「フェイスブック」「ツイッター」などのワードはいっさい出てこない（笑）。せいぜい「ブログ」くらいである（当時はブログ全盛期だ）。ツイッターやフェイスブックが日本で本格化したのは２０１０年から２０１１年にかけてである。いまや僕たちの日常となった「ＬＩＮＥ」は、東日本大震災をうけて開発された。２０１９年には世帯におけるスマホ保有率が83・４％と初めて８割を超え、個人での保有率は67・６％となった。いまやスマホは私たちの生活に欠かせないツールだ（いずれも総務省「通信利用動向調査」より）。

テクノロジーの進化は素晴らしいことだ。でも、少しややこしい状況ももたらした。それは、**「人々の関心の多層化」**と、それによる**「空気の細分化」**だ。

ソーシャルメディア上で人々はつながり始めた。初めは「知っているかどうか」がつながりを決めたが、やがてそれは同じ関心——趣味や仕事や価値観など——を持つもの同士をより強く結びつけていった。そして、そこでは当然「共通関心内の情報」がどんどん流通していくことになる。

一方、スマホというデバイスの登場で、僕たちの情報入手は劇的にパーソナライズされた。ニュースメディアですら、「あなたが欲しい情報」に合わせた配信にシフトした。その結果、僕たちの手元には「関心のある情報」だけがどんどんやってくる。

これは一個人の視点ではなかなか気づきにくい。けれど全体を俯瞰してみれば、特定の関心で結びついた層がミルフィーユのように積み重なっているのが、現在の世の中だ。そして、これは日本に限った話ではない。世界的な傾向でもある。

たとえば、米国の大統領選。米大統領選キャンペーンは、戦略的なＰＲの「最高峰」ともいわれる。２００９年刊の拙著では、２００８年11月に誕生したばかりのオバマ大統領のキャンペーンを、「大いなる空気づくり」の一例として紹介した。

オバマ陣営の戦略PRプランナーは、「多くの人々が、アメリカ国民としての『誇り』は失っていないが、『自信』を失っている」という状況分析を、大規模な調査から導きだした。このことから、「自信を取り戻すには何かを変えなきゃ」という空気、「変化が必要」という世論を喚起することを決定する。オバマを、「その変革ができる人」として位置づけるという作戦だ。ここから、「Change」というキャッチフレーズが生まれた。「変化が必要」という空気が広がれば広がるほど、「Experience（経験）」を売りにしていたクリントンやマケインが逆に劣勢になるしくみだ。このPR作戦は功を奏し、世界中の誰もが知るように、米国初のアフリカ系大統領が誕生する。まさに、国民的な関心をとらえ世論を喚起し、その解決策としてオバマを位置づけたというわけだ。

それから8年が経った2016年。世界の耳目を集めたトランプとクリントンが争った大統領選はどうだったろうか。トランプ大統領の誕生は世界を震撼させたが、そこにはオバマのようにわかりやすい「空気づくり」はなかった。

トランプの勝利はひとえに米国の白人労働層の鬱屈した思いに呼応したからと事後分析されるが、これはいってみれば、**特定層の個別の関心に対して空気づくりを行ったような**

ものだ。敗北したクリントン陣営は、この「潜在的な空気」を読みきれなかったうえに、女性層への空気づくりにも失敗した。これまで世の中を引っ張ってきたかに見えた白人エリート層やメディアも、同じように見誤った。そもそも多様性があった米国だが、さらに人々の関心事は多層化しているし、空気が細分化している。

「空気をつくる」から「関心を料理する」へ

もちろん、そういった特定関心を超えて話題になるような「国民的ニュース」や「国民的ヒット」も依然としてある。重要なのは、**社会関心が多層化し、そこには大きな「空気」と、より小規模な「分断された空気」のようなものが同時に存在している**ことだろう。たとえるならば、同じ空気でも「外気《がいき》」と「内気《ないき》」のようなものだ。クルマのエアコンにも外気導入と内気循環がある。どちらの空気を使うかは状況次第だったりする。

とにかく、ＰＲやコミュニケーションの観点からは、なんとも難しい世の中になったものである。しかし、これは同時にチャンスでもあると思うのだ。

というのも、大小の「社会関心」をきめ細かくとらえ、それをうまく活用することで人を動かし、目的達成につなげていくことこそが、本来のPRの醍醐味だからである。

必ずしも「大きな空気」をつくる必要はない。ただし、トランプ大統領の例でもわかるように、社会関心は細分化していて、それを正しく把握するのは容易ではない。そうしたなかで、これまでとは異なる発想や視点で世の中をとらえていく必要が生まれてきている。いってみれば「社会関心をどう料理するか」という観点だ。これについては、より詳しく第2章で解説する。

戦略PRをやるべき3つの理由

そろそろこの章を締めよう。この10年で、僕たちを取り巻く情報環境は進化をとげ、ややこしさは増大している。そんななか、僕はますますPRの重要性が高まると思っている

(だからこの本を書いているわけだ)。なぜPRをすべきなのか？――ここであらためてその3つの理由を整理しておこう。

1　「選ぶのがめんどうくさい」の時代　情報洪水と選択率の低下

2000年代より始まった情報洪水は進行中であり、生活者の「情報選択率」は下がり続けている。一方で、僕たちが1日に接する企業発信のブランドメッセージは4000とも5000ともいわれ、生活者はますます広告的なコンテンツを避ける傾向にある。

2　「好き勝手にやらせて」の時代　アンコントロール領域の拡大

生活者はSNSで自由に発信する。タイムシフト視聴が当たり前になり、コンテンツ消費の主導権は生活者に移った。こうした情報環境では、相対的に企業がコントロールする情報の影響力は低下する。アンコントロールな世界との対峙が求められる。

3 「気になるものはそれぞれ」の時代　社会関心の多層化

ＳＮＳでつながった生活者は、共通の趣味や価値観などが同じ「関心グループ」でのやりとりを増やしていった。スマホによって情報入手はパーソナライズされ、情報流通は限定的になった。社会の興味関心はミルフィーユのように多層化している。

これらは不可逆的な流れで、もう待ったなしである。

そしてもうひとつ大事なこと。本書では戦略ＰＲの目的を、「人を動かすこと」であると明確に定義する。もうちょっと言えば、「人の行動を変えること」だ。グローバルなＰＲの世界では、これを**「ビヘイビアチェンジ（行動変容）」**と呼ぶ。

戦略ＰＲは何のためにやるのか。なんらかの情報を世の中にばらまくためではなく、人の行動を変えること――ビヘイビアチェンジを起こすことこそが、その目的だ。

第2章では、最新の成功事例とともに、ビヘイビアチェンジと社会関心の料理の仕方について解説していく。さあ、先を急ごう。

第2章

人を動かす「社会関心のレシピ」

PRの究極目的はビヘイビアチェンジ

ところで、あなたがマーケティングやPRの仕事に携わっている方だとしよう。あるいは、経営者や、企業で広報を担当されている方でもいい。ここでお聞きしてみよう。

あなたはなぜPRをしたいのだろうか？

あなたの会社の商品やサービスを世に知らしめたい。あなたが関わっている組織の活動を正しく理解させたい。そのためには、情報を世の中に出さなければならない。メディアをうまく使って情報露出をはからないといけない。だからPRをする——こんなところだろうか？

間違ってはいない。間違ってはいないのだが、その話はまだ「パブリシティ」という考え方を抜けていない。パブリシティとは、ある情報をメディアが報道した結果として世に出る記事や番組などのことだ。たしかにパブリシティはPRにとっては非常に重要な要素であり、かつ一義的なゴールとしてはわかりやすい。企業の広報部門やPR会社も、この成果（情報が記事や番組で取り上げられた回数）を追ってきた。

しかし、それはいってみれば「手段」に過ぎない。手段であるパブリシティ（または他の情報戦略）を用いて目指すPRの究極の目的。それが「ビヘイビアチェンジ」だ。

ビヘイビア（Behavior）とは、「行動」「ふるまい」などと一般的には訳される。だから、ビヘイビアチェンジとは「行動が変わること」であり、教科書的には「行動変容」ともいわれる。

「行動が変わるだけだったら、そんなに大袈裟なことじゃないよね。今朝も会社へ行くときに思いつきでコンビニ寄ったし」

たしかにそうだ。毎日の生活の中で、僕たちが無意識や思いつきで行動を変えることは少なくない。本書を立ち読みしているあなたの行動も、ちょっとした気まぐれによるものかもしれない（笑）。でも、ビヘイビアはもうちょっと奥深いのだ。

ビヘイビアの意味をもうちょっと紐解くと、「(生物の)行動」「(生物の)習性」と出てくる。こういわれると、何やらちょっとやそっとじゃ変わりそうにない響きだ。

僕は、これこそPRにおける「ビヘイビア」のニュアンスだと思う。

つまり、**対象となるのは「なかなか変わらない定着した習慣や思い込みによる行動」であり、それを変えることこそ「ビヘイビアチェンジ」である**というわけだ。

ちなみに、英語版のウィキペディアには、こう書かれている。

「Behavior change can refer to any transformation or modification of human behavior」

(ビヘイビアチェンジとは、人間行動における、あらゆる変容あるいは変更を指す)

コンビニに寄るレベルではない。このダイナミックな行動変容が、本来PRが目指すものなのだ。

PRのピラミッド

ここでひとつの図を紹介しよう。「PRのピラミッド」だ（図1・65ページ）。

これはPRの目的構造を図式化したもので、2011年のカンヌライオンズ国際クリエイティビティ・フェスティバル（世界最大の広告祭。次章で詳述）をきっかけに、グローバルに広まったものだ。パブリシティという手段が目的と混同されがちな状況は世界的にもあり、あらためて構造を明確化すべく提唱された。

階層をひとつひとつ見ていこう。わかりやすいように、拙著『新版 戦略PR』で紹介したハイボールの事例（ウイスキーの需要を高めるべく、「ハイボールがブーム」の空気をつくった）に当てはめた説明も加えてみよう。

1 パブリシティ（Publicity）

一番下の階層は、パブリシティによる「情報の露出」。パブリシティとは主にメディアリレーションズと呼ばれるPR活動の結果、記事やテレビ番組として世の中に出る情報だ。

PR主体者はあくまでプレスリリースや参考資料をメディアに提供し、メディアはその一次情報をもとに自身の判断（編集権、編成権）で報道する。これによってパブリシティには第三者判断が担保され、ペイドメディア（お金を支払って利用するメディア）である「広告情報」と差別化される。その意味においては、ブロガーやインスタグラマーへの働きかけによって露出される投稿記事や写真も、広い意味でのパブリシティであるといえる。

日本で多用されてきた「広告換算」も、パブリシティの量を経済価値換算したに過ぎず（しかも広告という異質な投資対象をベースに）、ピラミッド構造上はこの層に属する。

ハイボールの例でいえば、「ウイスキーが復活のきざし」「ハイボールが若者の間で人気に」という記事や、ハイボールを注文する人で賑わう飲食店を紹介する情報番組、ハイボールのレシピを紹介するブログの記事などがこれにあたる。

図1｜PRのピラミッド

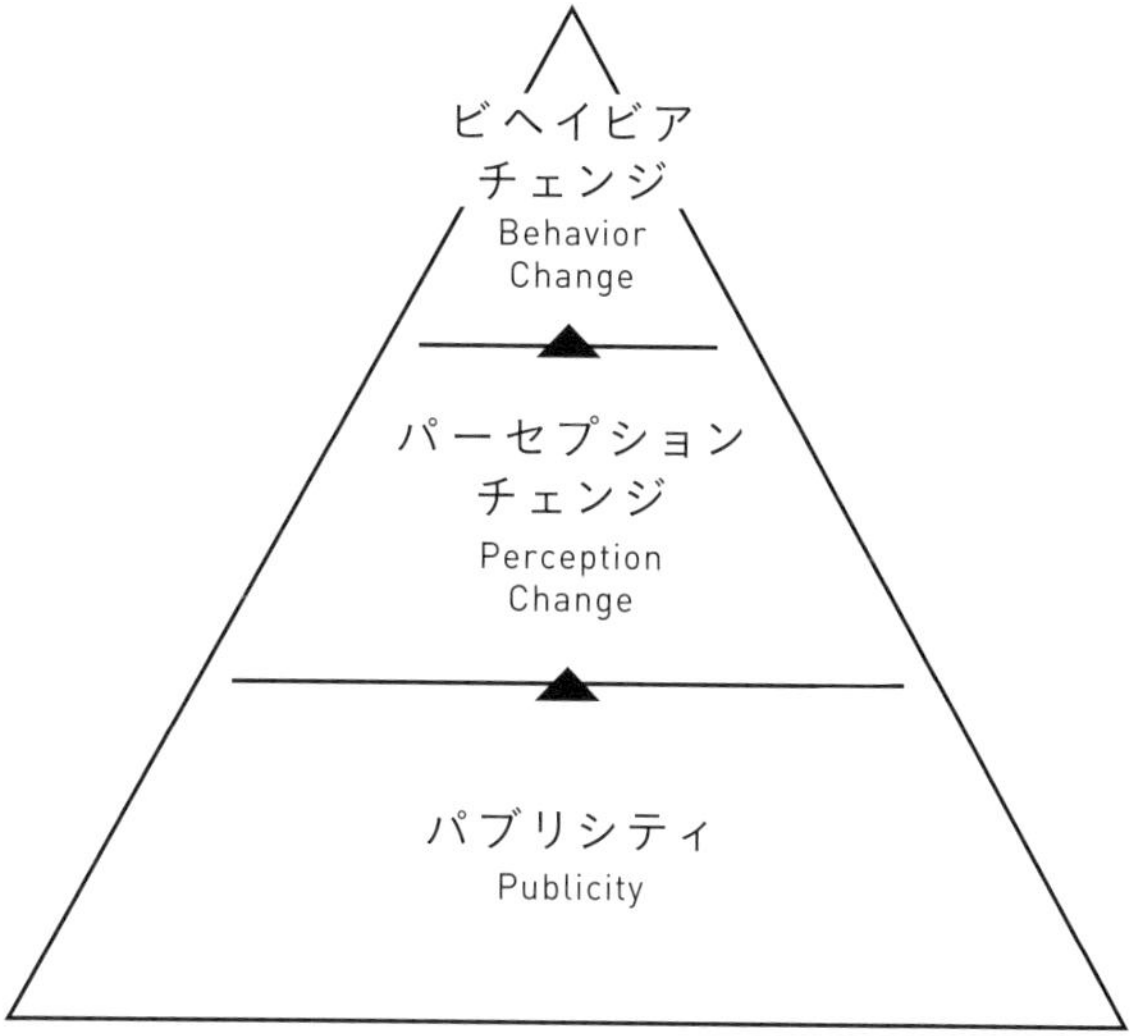
ビヘイビア
チェンジ
Behavior
Change
パーセプション
チェンジ
Perception
Change
パブリシティ
Publicity

2 パーセプションチェンジ（Perception Change）

この階層から上が、パブリシティによってもたらされる具体的な変化だ。「パーセプション」とはまた聞きなれない英単語が出てきたが、一般には「認識」「理解」などと訳される。

みなさんも仕事上で、イマイチ不安な上司や得意先に「今回の取引は、〇〇ということで認識は合っていますよね？」などとしつこく確認した覚えはないだろうか。なぜしつこく確認するのか。同じ事柄でも認識が違えば行動が変わってくるからだ（それでとんだ思いをした諸兄も多いだろう）。

パーセプションといってピンとこなければ、「モノの見方」くらいに考えてもらえばいいだろう。逆にいえば、人々にあるモノの見方を与えることで、それに沿った行動が期待できる。つまり、特定のビヘイビア（行動）は特定のパーセプション（認識）によって起こるという考え方である。それが、パーセプションチェンジ（認識変化）が二階層目にある理由だ。

ハイボールの例でいえば、1で紹介したようなパブリシティを目にした人たちの認識変化がそれにあたる。「ハイボールって昭和のお酒だと思っていたけれど最近流行っているのね」「ハイボールなんて自分に関係ないと思っていたけれど、意外にアリなのかも」と見方が変わったら、それがパーセプションチェンジだ。

3　ビヘイビアチェンジ（Behavior Change）

ピラミッドの最上階が、ビヘイビアチェンジ（行動変容）だ。パブリシティが世にあふれ、それに触れた人々のパーセプション（認識）が変化し、その結果、それまで当たり前のようにとっていた行動が変わったり、新たな習慣が始まったりする。人の行動はそうそう簡単に変わるものじゃない。信頼できる情報に必要十分にふれて、その結果ジワジワと自分のモノの見方が変わっていき、最後にはコップの水が溢れるかのように、具体的な行動に変化が現れる。その結果、ビジネスや事業目的が達成される。

ハイボールでいえば、パブリシティから「ハイボールが流行っている」というパーセプションが広がり、そのあと人々がとった具体的行動がそれだ。もちろん、「ハイボールを注文して飲む」「ハイボールを買って飲む」という消費行動が最終的にはそれにあたるわけだが、「(流行っているらしいので)ハイボール酒場に行く」「(これまでビールだったのに)最初の乾杯をハイボールでする」というのも立派なビヘイビアチェンジだ。PRによって認識が変わったことが、その行動を起こさせているからだ。

いかがだろう。とかく日本では、まだまだ最下層のパブリシティを目的にしたPRが目立つ。しかしグローバルでは、そこは「当たり前のこと」として、パーセプションやビヘイビアの変化に目的意識をシフトしている。もちろん、そのぶんグンと難易度は上がるわけだが、この意識の差こそが、成果の差を決定的なものにしていくのだ。

もちろん、日本でもこうした潮流は進んでいる。このあたりで、ビヘイビアチェンジを目指した戦略PRの事例を紹介しよう。

冷凍食品は「手抜き」ではなく「手間抜き」

ことの発端は、2020年8月4日にツイッターに投稿されたある女性のつぶやきだった。疲れて帰宅して夕食に冷凍餃子を解凍して出したところ、子どもは喜んだが、夫が「手抜きだよ。これは冷凍食品っていうの」と言った、という内容だ。

このツイートにはさまざまな同情の声が集まった。味の素冷凍食品株式会社（以下、味の素冷凍食品）の公式ツイッターアカウントもすぐに反応し、次のような投稿をした。「冷凍餃子を使うことは、手抜きではなく、〝手間抜き〟です」「冷凍食品を使うことで生まれた時間を、子どもに向き合うなど有意義なことに使ってほしい」。

餃子に限らず、日本ではいまだ冷凍食品にネガティブなパーセプションがある。おいしく食べることができる調理方法の研究が途上だったとき、あるいは、冷凍技術が今のように発達する前は、「冷凍もの」と言えば「手軽だがあまり美味しくない食品」というイメージだった。そしてくだんのツイートを投稿した女性の夫の言う「手抜き」という言葉は、「家庭料理は妻が愛情込めて手作りするべきだ」という「手作り信仰」の延長線上にある。

冷凍餃子売り上げナンバーワンの味の素冷凍食品としても、冷凍食品に対するこのようなネガティブなパーセプションを変えることは、自社だけでなく業界全体としても課題であると認識していた。そして公式ツイッターの〝中の人〟自身、2人の子を持つ母だった。担当者が自らの思いを込めた公式アカウントの投稿には44万もの「いいね！」がつき、「冷凍餃子」がツイッターのトレンドに入るほどの反響を呼んだ。こんなことは味の素冷凍食品としては初めての経験だ。これがきっかけとなって、キー局やネットメディアでも大きく報道され、いわゆる「冷凍食品は手抜き？　手間抜き？」論争が巻き起こった。

味の素冷凍食品は、突然の取材集中に戸惑いながらも、これを冷凍食品のパーセプションチェンジを狙う施策のフェーズ1ととらえ、まずはひとつひとつの取材に真摯に対応して投稿の意図を紹介していった。これにより「冷凍食品は手抜き？　手間抜き？」論争の話題化を加速させていく。

ここで終わらせたら、ラッキーでバズった、あるいは炎上しそうなところをうまく切り抜けた、ということだけで終わりだ。しかしこれは見方を変えれば思いがけないPRの好機と言える。冷凍食品のパーセプションを変え、餃子の売り上げアップにもつなげたい。それにSNSから始まった熱はすぐに冷めてしまう。ならばリソースを投入して、さらに仕掛けよう。やるならすぐに。こうして「手間抜き論争」はフェーズ2へと進んだ。

「手間抜き」という言葉が世の中に響いたのなら、次にやるべきは手間の可視化だ。それにいちばん効果がある方法は、工場でどれだけ手間をかけているかを、世の中に示す「アンサー動画」を見せることだ。「手間抜き論争」への同社なりのアンサーというわけだ。

撮影は9月。新型コロナウイルス感染防止策を徹底し、撮影クルーも入念にシミュレーションしたうえで、撮影に臨んだ。味の素冷凍食品の餃子はなんと、144もの工程を経てつくられている。キャベツを手作業で刻み、具材をこねて、研究を重ねた薄い皮にあんを包み、皮の弾力を高めるために蒸しあげる――これらの工程のひとつひとつを、キャプションのみで多くを語らずナレーションすらない、でも、高クオリティでスピード感ある

1分15秒の映像に仕上げた。尺が短いのは、ユーチューブ視聴を前提としているからだ。

こうしてアンサー動画は約1ヶ月というスピードで制作され、「おいしい冷凍餃子の作り方〜大きな台所篇〜」（資料2）というタイトルで10月初に公開、公式のプレスリリースを出し、企業としての姿勢表明を行った。

リリースの内容は、8月からの一連の「冷凍食品は手抜き？　手間抜き？」論争に対しての企業としての驚き、反響への戸惑いとともに、料理をする人が「手作り信仰」に毒されている状況に対して疑問を呈することは社会的にも意義があるととらえ、「手間抜き」動画を公開します、というものだ。

動画の反響は大きく、1ヶ月弱で90万回再生を達成。〝古い男性的〟価値観を壊すものとして、ジェンダー論の専門家が味の素冷凍食品の発信を支持したほか、「手間抜きは合理的」だとして、有識者やインフルエンサー、メディアに好意的に受け入れられた。

最終的なメディアの露出件数は270件にのぼり、ツイッターにおける「冷凍餃子」へ

資料2｜味の素冷凍食品公式ツイッターの投稿とアンサー動画「おいしい冷凍餃子の作り方〜大きな台所篇〜」

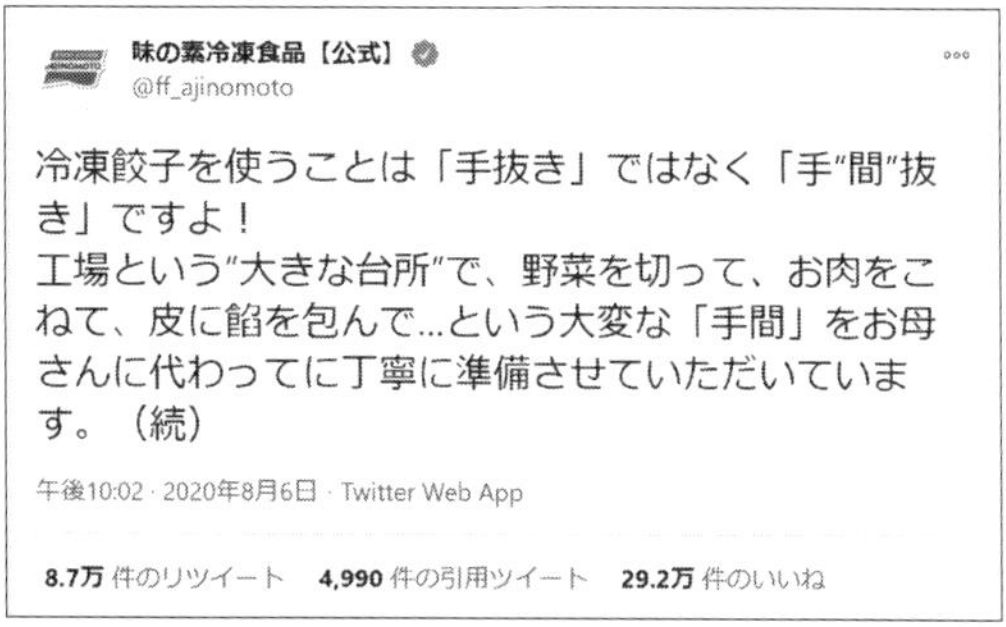
味の素冷凍食品【公式】
@ff_ajinomoto

冷凍餃子を使うことは「手抜き」ではなく「手"間"抜き」ですよ！

工場という"大きな台所"で、野菜を切って、お肉をこねて、皮に餡を包んで…という大変な「手間」をお母さんに代わってに丁寧に準備させていただいています。（続）

午後10:02 · 2020年8月6日 · Twitter Web App

8.7万 件のリツイート　4,990 件の引用ツイート　29.2万 件のいいね

の言及数はおよそ50万件も増加した。「味の素さんと一緒に料理して作った餃子なんだなぁと思うと嬉しかったです」「沢山の手間を食品工場が代わりにやってくれて、最後のひと手間として、フライパンで焼いてくださいね、ということですね」などのＳＮＳ上のポジティブな反応も続出。ツイートのポジティブ比率は、前後比でおよそ１４２％伸長した。

冷凍餃子そのものの言及数が増え、さらに「手抜きではなく手間抜き」への言及数も増えることで、結果として、「冷凍（餃子）食品は手抜きの象徴だ」というパーセプションは、「冷凍（餃子）食品は手間抜きであって手抜きではない」というパーセプションに変容した。一連の取り組みにより、冷凍餃子の売り上げは前年比１１８％に伸長。パーセプションの変容が、行動変容にまで見事につながったというわけだ。

社会関心は「みんなの気になる」

さて、PRの究極の目的である「ビヘイビアチェンジ」についてご理解いただけただろうか。序章でも話したとおり、ビヘイビアチェンジを起こすために重要なのが、「社会関心を料理する」という発想だ。ここでは、その具体的なフレームワークについて解説しよう。

そもそも「関心」とはなんだろう。『大辞林』によれば、関心とは「物事に興味を持ったり、注意を払ったりすること。気にかけること」とある。ひらたくいえば、「気になること」くらいの感じだろうか。

これは僕の個人的な感覚でもあるけれど、「関心」というのは、「知っている」と「やっている」の間くらいなのではないか。

たとえば、ある芸能人のスキャンダルが起こったとする。このことをニュースで見て「ただ知っている」だけでは、「関心」とは言い難い。一方、そのスキャンダルの真偽を具体的に探るようになると、それは「関心」を通り越している。内偵の仕事かよっぽどの趣味人（?）だろう。つまり、「深い具体関与はないけれど、けっこう気になる」くらいが、いわゆる「関心がある」というレベルなのだろう。

そして、**「あること」が気になる人の数がどんどん増えて、「みんなの気になる」になったとき、それを「社会関心」と呼ぶ。**社会関心をメディアが報道するのは、みんな（読者や視聴者）が気になっているからだ。また、「みんなの気になる」ことはソーシャルメディアでの会話を活性化させる。

多くの人が動くとき、そこには何らかの「関心」があるはずだ。人のビヘイビアが変わるとき、その根っこには関心が関係している。ならば、ビヘイビアチェンジを起こすには、「関心を科学する」ということが不可欠なはずだ。

「関心」が人を動かすのだ。戦略ＰＲには、その視点が外せない。

「関心テーマ」のフレームワーク

社会関心を料理する基本となるフレームが「関心テーマ」だ。「空気」をつくるために必要な考え方として、戦略PRの提唱時からこれは変わっていない。別の言い方をすれば、これはPR対象と世の中との橋渡し（ブリッジング）に他ならない。

商品を売りたいという「あなたの関心」を、広い世の中の「みんなの関心」、そしてその商品を使う人の「生活者の関心」とどう結びつけていくか。これがポイントとなる。

図2（79ページ）を見てみよう。

① 商品便益：商品やサービスが提供する機能、既存品や競合との差別化ポイント
② 世の中の関心事：世間や第三者が気になっていること、世間の話題
③ 生活者の関心事とメリット：商品やサービスを使う人が抱えている問題、その解決

これらの3つの要素を結ぶ真ん中に「関心テーマ」がある。ここでのミソは、この三位が一体となる「テーマ」を見出すことにある。そのテーマを世に広め増幅させることを目指すのだ。

多くの場合、企業や組織は①の要素をアピールしようとする。まあ、それはそうだ。普

通に考えれば、PRすべきは売りたい商品やサービス、ブランドということになる。

しかし、そこには落とし穴がある。「②世の中の関心事」とあまりに遠いのだ。世の中が気になっていることと「商品の便益」が遠ければ、メディアは報道しない。想定しているユーザーが興味を持たなければ、ソーシャルメディアで話題になることもない。けれど伝えたいのは、世の中広くにだ。ならばお金を使って……とそれでは広告になってしまって本末転倒だ。

ポイントは、3つの要素をつなげて「間を取る」ことにある。それが「関心テーマ」であり、「あなたが伝えたいこと」「世の中が気になること」「商品を使う人が求めていること」のすべてを兼ね備える接点なのだ。いくつか例を見ていこう。

1 「おむつと睡眠」の関心テーマ

ひとつめは、第1章でも紹介した「おむつと睡眠」（図3・81ページ）。

このころ、キレやすい子どもが増えているのは睡眠のリズムが狂っているからだとする

図2｜関心テーマ

「関心テーマ」とは…

① 商品やサービスが提供する機能、
既存品や競合との差別化ポイント

② 世の中や第三者が
気になっていること、世間の話題

③ 商品やサービスを使う人が
抱えている問題、その解決

3つをつなぐ「架け橋」のようなもの

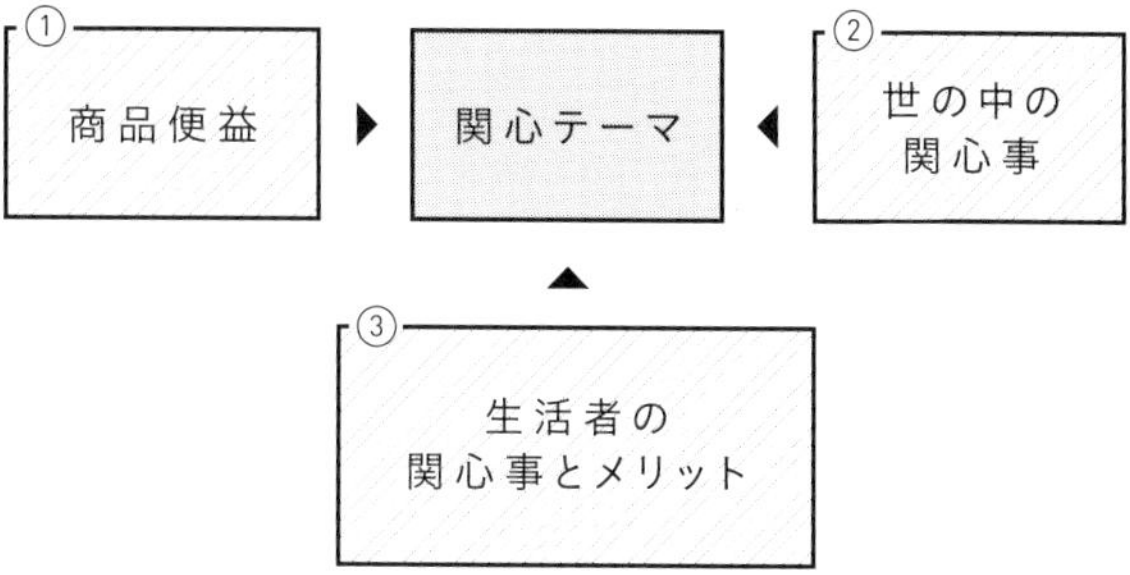

学説が、メディアや有識者の間でジワジワと注目されはじめていた（②）。一方で新商品のおむつの特徴は、フィット感と吸収力の向上（①）。これを、「快適な睡眠環境を提供するおむつ」と再定義し、「大切な赤ちゃんをベストな環境で育てたい」という子育て世代の関心事（③）にあわせて、関心テーマを「赤ちゃんの睡眠問題」と設定した。この関心テーマを一気に世の中にPRし、その解決策として新商品のおむつが発売された、というシナリオに落とし込むわけだ。

2 「食洗機と夫婦関係」の関心テーマ

次に「食洗機」の事例に当てはめてみよう（図4）。

ターゲットは、共働きで子どもがいない若い夫婦のイメージだ。この場合の世の中の関心事は「夫婦関係」。女性の社会進出も進み、現代的な夫婦のあり方は旬の話題だ（②）。そこで、夫婦ゲンカの原因ナンバーワンといわれる面倒な皿洗いをできるかぎり楽にすませたいという若い夫婦の関心事（③）をふまえ、省スペースが進み価格も以前より下がっている食洗機（①）を「幸せな夫婦関係をつくる商品」と位置づけたわけだ。

図3｜「おむつと睡眠」の関心テーマ

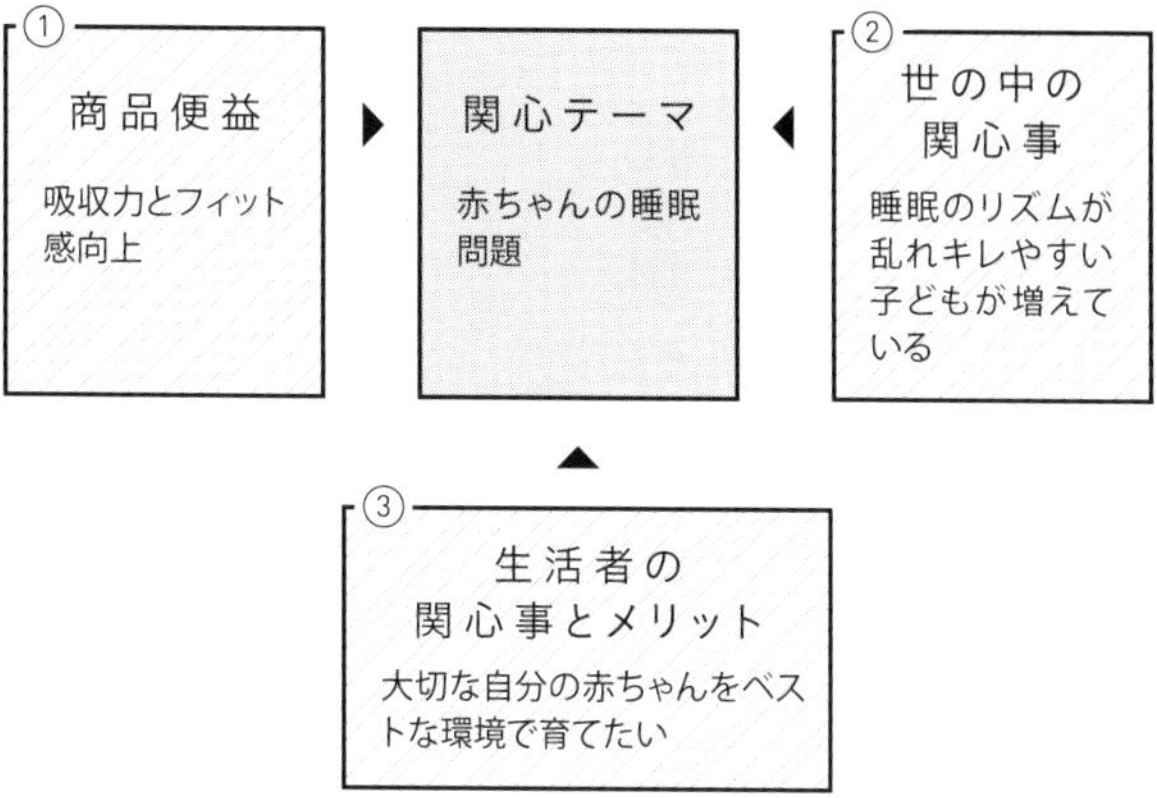

図4｜「食洗機と夫婦関係」の関心テーマ

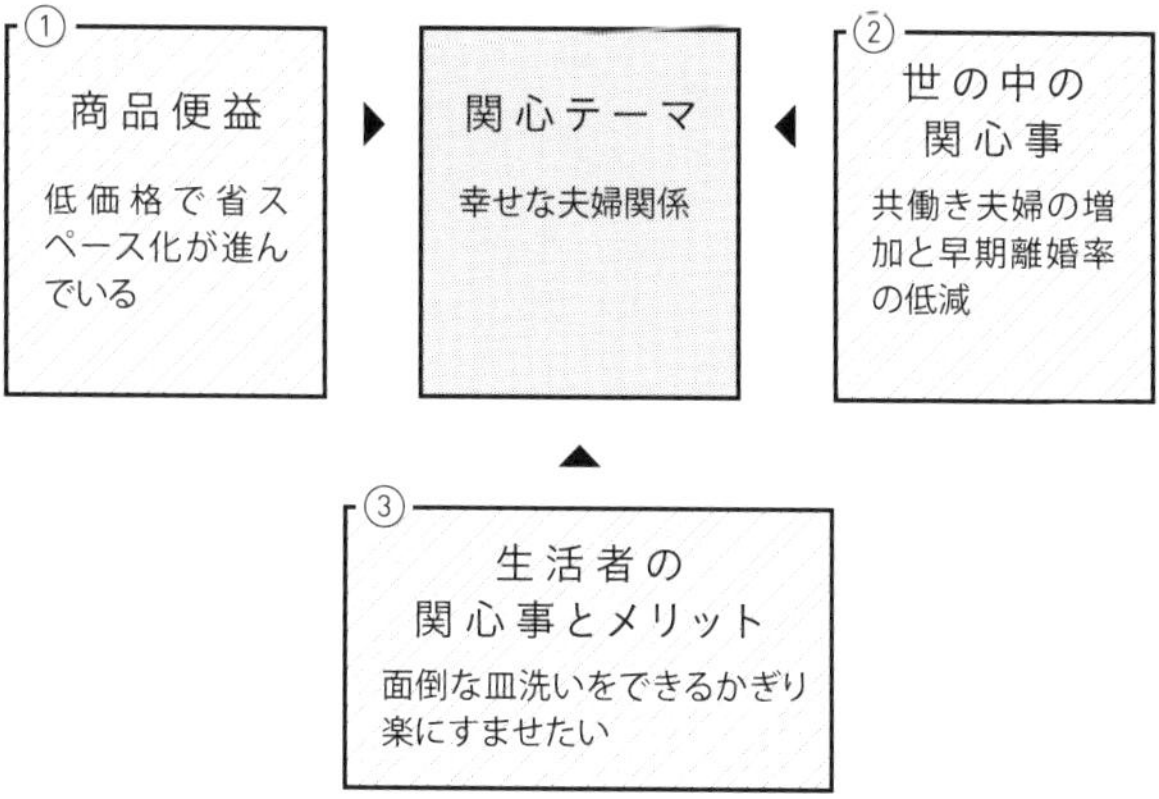

いかがだろうか。戦略PRの成功例の多くがこのフレームで説明できる。逆にいえば、この発想で戦略立案されているかどうかが成否を分けるのだ。

では、世の中の関心をとらえたり、新たな社会関心をつくりだしていくには、どうしたらよいのか。その方法論を、もうちょっと具体的に説明していこう。

社会関心を「料理」する方法

ここでは2つの軸がポイントになる。「顕在度」の軸と「関与度」の軸だ。図5の「社会関心マップ」を見てみよう。

横軸が**「顕在度」**。それが社会でまだ潜在的なのか、それとも顕在化しているのかを示すモノサシである。世の中にとって重要であっても、「知る人ぞ知る」でまだあまり知ら

図5｜社会関心マップ

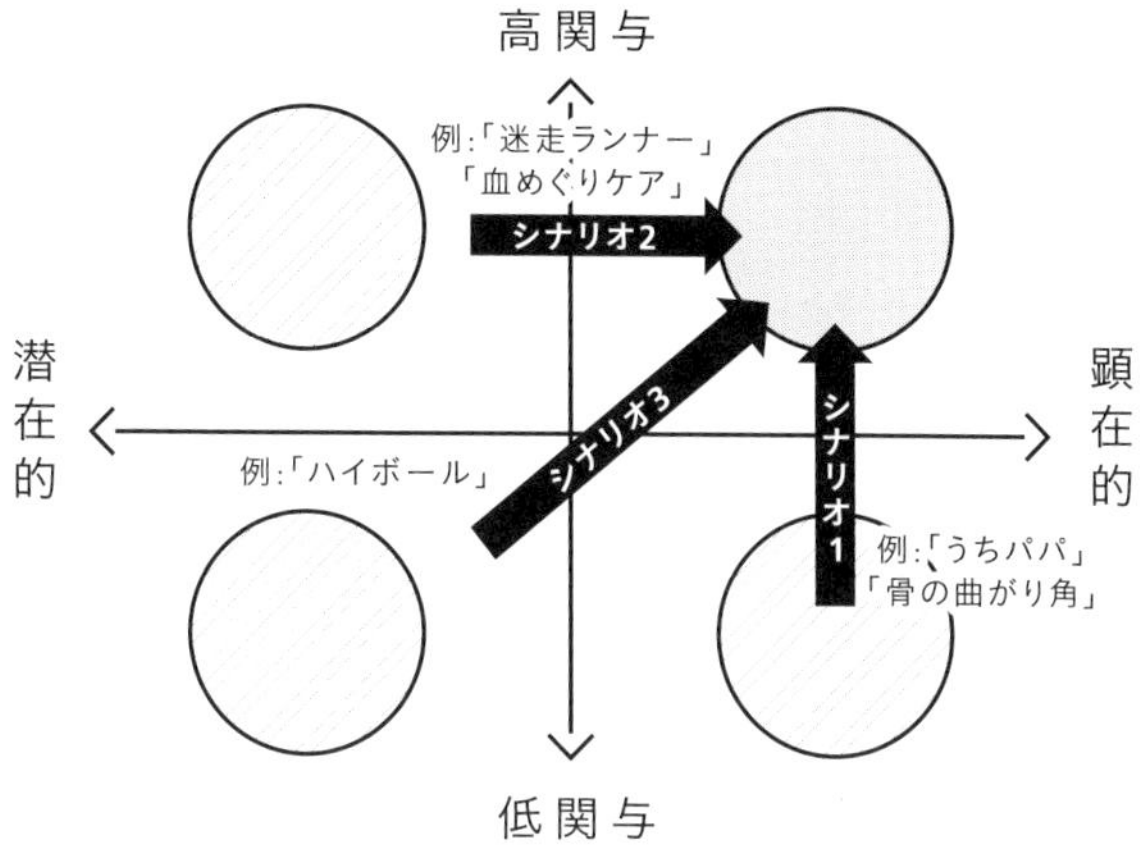

れていない状態なのか、あるいは、すでに報道もされているなど多くの人に認識されている状態なのか。

一方の縦軸が**「関与度」**。その問題に対するターゲットの関与の度合いだ。低関与なら、たとえ知っていても「あまり自分には関係ない」ことだし、自分に関係するという認識が強ければ高関与だ。

世の中には、さまざまな「関心事」やそのタネが存在する。それが現状どういう状態で、どういう方向に持っていけば、より社会関心として「成長」するのか。あるいはPRの目的を果たすことができるのか。

ここで大事なのは、「いきなり生まれる社会関心なんてない」ということだ。急に話題になったように思えても、その裏には何らかの潜在的な流れがあったりする。この社会関心マップでいえば、PRする関心テーマが「顕在していてターゲットが高関与」な状態が理想だ。そこにどう持っていくか。そこにはいくつかのシナリオがある。

シナリオ1　顕在化している社会関心にのって関与度を高める

すでに「みんなの気になる」になっている関心を利用するケース。さきに触れた「赤ちゃんの睡眠」も、すでに顕在化していた子どもの睡眠問題をベースに、赤ちゃんに特化していった。

既存の関心から出発するので、メディアの興味は誘導しやすい反面、関与度を上げるにあたっては差別化された文脈や新たなデータなどが必要になる。

【ケース】ベネッセ「うちパパ」プロジェクト

「男女共同参画」という顕在関心にのったケース。女性活躍推進法も成立し、ジェンダーイコール（男女平等）は日本の大きな社会関心のひとつ。ベネッセは、自社の主婦向け生活情報誌『サンキュ！』から「うちパパ」という関心テーマを打ちだした。

「うちパパ」は、働くママ「ワーママ」の対義語として、「家庭進出」する男性を総称する言葉。これまでにも「イクメン」という言葉はあったが、イクメンは子育てに特化したもので男性側の関与も限定的だ。「手伝う」のではなく料理や家事を楽しみ、生活用品やサービス選びにも積極的で、「うちのこと」全般に興味がある。こうした層は、雑誌読者としても、日用品や食品メーカーの潜在顧客としてもポテンシャルが高い。「男の生活力向上委員会」を立ち上げた『サンキュ！』の男性読者は5年で3倍になっており、「うちパパ」というテーマに賛同する企業も続出している。

【ケース】ダノン「骨の曲がり角」

「美魔女」という顕在関心にのったケース。ダノンは骨密度に注目した機能性ヨーグルト「デンシア」を日本市場に投入しようとしていた。ターゲットは骨密度が低下する50代女性。調査から、日本の50代女性は骨密度に関心がなく関与が低いことがわかった。一方、その頃に世の中を沸かせていたのは「美魔女」。まだまだ美しい50代女性が注目され、美魔女コンテストも行われていた。

そこでダノンは、「骨の健康」ではなく美容の関心から入り、「美しくいるために骨のケアも必要だ」という空気をつくるために、お肌の曲がり角ならぬ「骨の曲がり角」という関心テーマを設定。骨密度が下がった姿勢と見た目年齢の関係など、徹底した美容文脈をＰＲすることで、ターゲットの骨ケアへの関与度を高めることに成功した。

シナリオ2　関与が高い潜在的関心を顕在化する

ターゲットの関与が高い領域で、まだあまり知られていないことを話題化する。「登場感」が重要になるので、関心テーマのネーミング開発が行われる場合も多い。

特定マーケットやファンが多い領域など、高関与層でのＰＲに向いているが、いかに斬新なネーミングやテーマ設定ができるかが重要となる。

【ケース】アディダス「迷走ランナー」

「実はランナーは迷っている」という潜在関心を顕在化したケース。

アディダスは、急伸するランニング領域で競合メーカーと差別化するために、直接的な商品ブランド訴求ではない戦略PRを模索していた。問題はテーマをどうするかだが、健康維持やファッション、美容の話題は出尽くしており、もはや新鮮味はない。ランニング領域でまだ顕在化していない切り口が必要だった。そこで着目したのが、ランニングブームの裏に潜むランナーの「悩みや迷い」。

アディダスがその仮説をもって調査したところ、2600万人といわれる日本人ランナーの7割が、ランニング継続に何らかの課題を抱えていることがわかった。目的を見失ったり、走り方やアイテム選びの悩みなどさまざまだ。アディダスはこれを「迷走ランナー」と名づけて関心テーマ化。自社の商品サービスを「迷走ランナーを救う」と位置づけPRを展開した。この潜在的なテーマが多くのランナーに気づきを与え、同社のランニングカテゴリーは2桁成長を遂げた。

【ケース】花王「血めぐりケア」

「実は血行ケアでキレイになれる」という潜在関心を顕在化したケース。花王には、ヒット商品「めぐりズム」や入浴剤「バブ」など、血流促進の研究から生まれた商品群がある。企業としても、ヒューマンヘルスケア領域を強化していく方針を決めていた花王は、「スキンケアやむくみなどの美容ケアにも血めぐりは重要だ」ということを、世の女性たちに広める必要があった。しかし、「血流」というと、「おばあちゃんの健康法」「ドロドロ、サラサラ（高脂血症）」のイメージが強い。

そこで花王は、「血めぐりケア」という新たな関心テーマを開発。「血めぐり研究会（現在は「ウーマンウェルネス研究会」に発展）」を発足させ、人気の美容研究家やビューティ誌と連携することで、「血めぐりケア」を新しい美容ケアのひとつとして訴求した。「血めぐり」から若い女性が想起するのは、当初「血行不良」「ドロドロ」といった限定的なワードだったが、活動2年目から「美容」「基礎代謝」「美と健康」といったワードが増えはじめ、ＰＲ活動の成果が実証された。

シナリオ3　潜在的な関心を、関与度を高めつつ、一気に顕在化する

顕在度と関与度の双方を一気呵成に高めていく方法。何らかの理由でシナリオ1、2の方法論がとれない場合だが、あまりケースとしては多くないだろう。広告やプロモーションが包括的に連動することが必須で、ハイボールブームなどのムーブメントづくりが比較

的これに近い。大規模な投資も必要になる。

［ケース］サントリー「ハイボール」

「ハイボールという飲み方」を顕在化させつつ、関与度を同時に高めたケース。サントリーは、25年もの間縮小していたウイスキー市場を、ハイボールブームをつくることで拡大に転じさせた。「ウイスキーがお好きでしょ?」と女優の小雪が微笑むテレビCMに代表される広告展開。地域密着型の営業戦略や販促施策。サントリーが昔から得意とされるこれらの連携に加えて、戦略PRはハイボールそのものを社会関心化する役割を果たした。

メディア報道やクチコミを通じて、「ウイスキーが復活」「ハイボールが若者にも人気」といった露出を増やしていった。たとえば父の日シーズンには、日本ファザーズ・デイ委員会の「お父さんがもらって嬉しいお酒はウイスキー」という調査結果を活用。店頭とも連携し、「父の日のプレゼントにはハイボール」という空気を醸成した。ハイボールブームは1年ほどで世の中に顕在化され、年配男性から女性、若者と広い層の関与を獲得することになった。

以上、「社会関心の料理の仕方」を何パターンか見てきた。いかがだろうか？
もちろん、すべてのＰＲがこれらのシナリオにキレイに収まるわけではない。目的や状況によっての判断が必要で、「これが王道」というのも、なかなかない。けれど、相手は「社会関心」という実体のないオバケのようなものだ。そして第１章で説明したように、その関心は多層化し、「空気」は分断され、その把握と活用はますます難しくなっている。だからこそ、こうしたフレームワークの中で戦略を立てていくことが重要なのだ。

さて、さまざまな角度で、ビヘイビアチェンジを起こすための社会関心レシピを解説してきた。このノウハウの重要性は、間違いなくグローバル社会でも向上している。ところが残念なことに、日本はこれが苦手である。世界に比べてＰＲが苦手な日本。次の第３章では、この話に進んでいこう。

この章で紹介した事例

- 味の素冷凍食品
（冷凍餃子のパーセプションチェンジ）
→ 69ページ

- 「おむつと睡眠」
（赤ちゃんの睡眠を空気づくりに結びつけた例）
→ 78ページ

- 「食洗機と夫婦関係」
（食洗機を夫婦関係を良くする商品と位置づけた例）
→ 80ページ

- ベネッセ「うちパパ」プロジェクト
→ 84ページ

- ダノン「骨の曲がり角」
→ 85ページ

- アディダス「迷走ランナー」
→ 86ページ

- 花王「血めぐりケア」
→ 87ページ

- サントリー「ハイボール」
→ 63、89ページ

第3章
これが世界のＰＲだ

PRが苦手な国・日本

日本は「PRが苦手」だといわれる。そもそも戦略的なコミュニケーションが得意ではない。

その理由は諸説ある。文化的にいわゆる「あ・うん」の呼吸や以心伝心が重宝され、「伝えるノウハウ」に重きが置かれなかった。モノづくりが得意であり経済発展の中核を担ってきたから、「いいモノさえつくればよい」という信条が強い。戦後の電波メディア発達の経緯において巨大な広告代理店が誕生し、マーケティング＝広告という考え方が浸透、PR（パブリックリレーションズ）という概念が教育しきれなかった……などなど。

どれも言われてみればうなずけるけれど、ひとつはっきりしているのは、**PRが苦手なことで日本は「損」をしている**ということだ。それはもう、世の中のありとあらゆる局面に表れている。たとえ文化水準が高くとも、技術力で抜きん出ていても、生真面目さや熱意があっても、「PR力」がないがために負けてしまう。

たとえば国際取引。２０１６年、日本はオーストラリア向けの潜水艦商戦でフランスに敗北を喫した。その敗因は技術力ではなく、いわゆるロビイング戦争に負けたとの見方がある。

初の大型武器輸出として注目されていた潜水艦「ごうりゅう」の指名受注に、日本はかなり自信を持っていた。安倍首相はオーストラリアのアボット首相と非常に懇意だったし、海上自衛隊の潜水艦はオーストラリア海軍の要求水準を満たしていた。「負けるわけがない」というわけだ。

しかし、オーストラリア国内の事情でこの取引は日本、ドイツ、フランスの競争入札となった。ここから事態はＰＲ戦争の様相となるが、日本は積極的に動かなかった。「製品性能がいいから大丈夫」と日本がタカを括っていた一方で、フランスの国防相はオーストラリアを初めて訪問した。しかも首都やシドニーではなく、アルバニーという南西部の都市。第一次世界大戦でフランス軍の応援に豪軍が兵を送りだした、いわば両国の「思い出の地」で国防相は豪政府閣僚と対面し、潜水艦協議における空気を有利にしていった。

事態に気づいた日本は巻き返しをはかり、オーストラリアとの共同訓練に海上自衛隊を派遣したが、その直後に豪政府はフランスへの正式な発注を発表した。

あるいはスポーツ。米国と日本の国民的プロスポーツを比較してみよう。米国のNFL(National Football League)の売り上げは、2003年から2014年のおよそ10年で実に250%の成長を遂げている。これに対し、日本のJリーグの成長は同時期で150%にとどまる。

この差を生んでいる要因のひとつがPRだ。そもそもフットボールやサッカーに強い関心のある「コアファン」のみならず、そこまで興味のない層を取り込めているかどうか、社会関心にうまく寄り添えているかどうかの違いだ。

NFLはコアファンから一般層までを4層に分け、戦略的にPRを行ってきた。また米国という国特有の社会関心である「人種や価値観の違いによる格差問題」に対して、「人々のつながり」を提供するという明確なポジションを持つ。そのために、ゲームのみならず、子どもの肥満退治プロジェクトや果てはマイノリティのためのIT学校までリーグ、チーム、選手が一体となって活動する。元NFLジャパン代表の町田光氏は、「一緒に喜怒哀楽できる、いわば『社会装置』としてのNFLブランド」だと言い切る。

一方のJリーグ。開幕時1993年の10クラブが2017年には54クラブまで拡大し、規模拡大と地域密着推進という意味では成功をおさめている。しかしNFLとは対照的に、ファン層の拡大や社会関心の維持には苦戦している。2006年に46％だったJリーグへの関心度は2012年に30％まで低下。観客の平均年齢も10年で5・7歳上がった。つまり一定のコアファンが歳をとり続け、社会関心が低下し、ファンのすそ野が広がっていないというわけだ。戦略的なPRの不在がその一因だとして、Jリーグはその強化を模索しはじめている。

このように、さまざまな領域でPRの存在が明暗を分け、成否に影響を与えていることがわかる。商品や品質への自信はあっても、相手や社会の関心マネジメントができていない。世間とコミュニケーションするにあたって、戦略的に関心をとらえたり生みだしたりすることができていない。

どうだろう、悔しく思わないだろうか？　実力はある日本にとって、本当にもったいない話なのだ。

「海外のやつら、うまくやりやがって」と思うわけだが、ではその世界に目を向けてみよう。まず、世界のPR業界とはいかなるものなのか、そこから始めよう。

これが世界を動かすPR会社だ

PRの起源は、18世紀の米独立戦争だ。世論を喚起し民衆を動かすノウハウが、やがて「パブリックリレーションズ」として体系化され、政治の世界からビジネスへ応用され現在にいたる。このことから、現在でも世界のPR業界の中心は米国だ。そのスケールは日本とは比較にならない。

企業のPR部門も日本よりはるかに進んでいるが、何といってもグローバルに展開する巨大PR会社の存在が大きいだろう。グローバルPR会社は世界中に拠点を持ち、数百社のクライアント――誰もが知っている有名企業はもちろん、各国政府や行政機関、世界的NPOやセレブリティまで――を抱え、世界的なムーブメント、大統領選や世間を騒がす

表2｜PR会社ランキング

社名	売上高総利益		成長率
	2020年	2019年	
1 エデルマン	840,020	892,039	-6%
2 ウェーバー・シャンドウィック	831,000	869,000	-4%
3 バーソン・コーン&ウルフ	706,000	720,000	-2%
4 フライシュマン・ヒラード	612,000	606,900	1%
5 ケッチャム	476,000	502,000	-5%
6 ブルーフォーカス	438,000	420,000	4%
7 ヒル アンド ノウルトン ストラテジーズ	366,000	366,000	0%
8 MSLグループ	365,000	365,000	0%
9 リアル ケミストリー	360,000	222,000	62%
10 ブランズウィック　グループ	322,000	307,000	5%

『PR Week』Global Agency Rankings 2021より（単位：千ドル）

スキャンダル、果ては国際紛争まで、ありとあらゆる局面に介在する。まさに「世界を動かす」存在なのだ。

表2は、PR会社の世界ランキングだ。世界1位は独立系のエデルマン（米国）で、2020年のレベニュー（売上高総利益）は約924億円。続く2位が、オリンピック招致の実績で有名なウェーバー・シャンドウィック（米国・インターパブリックグループ）で約914億円。3位にバーソン・コーン&ウルフ（米国・WPPグループ）で約776億円。これが、世界ベスト3のPR会社だ。従業員数で4000人から5000人規模といったところだ。3位のバーソン・コーン&ウルフ（BCW）は、2

018年に、業界6位のバーソン・マーステラと12位のコーン&ウルフによるPR業界史上最大の合併によって誕生した。

4位以下を見てみよう。僕自身がかつて所属していたフライシュマン・ヒラード、ケッチャムやヒル アンド ノウルトンなどが続き、そのほとんどが米国勢。規模的には2000人から3000人だ。そして中国のブルーフォーカス。2015年にトップ10入りした同社は、5年でその順位を6位まで上げた。9位のリアルケミストリーは、数社を買収したのちに2021年に社名変更を行った、サンフランシスコに本社を置くPR会社だ。

開示される売り上げの世界標準は「ネットレベニュー（売上高総利益）」である

ところで、ここで日本人が気をつけなければいけないのは、**開示される売り上げの世界標準は「ネットレベニュー（売上高総利益）」である**という点だ。

ネットレベニューのほとんどは、報酬としてクライアントから支払われる「フィー」の総計であり、業務遂行に付随するイベントやキャスティング、メディアバイイングなどの「実費」は含まれない。日本で売り上げといえば「年商=扱い高」であるのとは対照的だ。エージェンシーにとっての価値は「扱い高」ではなく「フィー」でしかない、という発想なのだ。

グローバルPR会社での20年

僕がＰＲの世界に飛び込んだのは１９９９年の夏のこと。前出のランキングでは世界4位のフライシュマン・ヒラードの日本法人に入社した。当時すでにグループは世界80拠点ほどに展開していたから、まさに日本人のＰＲ素人が世界レベルのＰＲファームにうっかり入ってしまった格好だった（最初の1年くらいは本気で辞めようと思っていた）。

フライシュマン・ヒラードは１９４７年に米国セントルイスで設立された。元祖ＰＲパーソンのアルフレッド・フライシュマンと地元紙の新聞記者だったロバート・ヒラードの2人が小さなオフィスで始めたＰＲ事務所がその原型だ。そこにアシスタントとして入社してきたジョン・グラハムという名の青年が、その後会社を急成長させる。１９７４年に

ＣＥＯとなるや、カンザスシティを皮切りに、ニューヨーク、ロサンゼルス、ワシントンＤＣと全米の主要都市に次々にオフィスを開設。１９８７年に初の海外拠点としてロンドンとパリに進出した。１９９０年に香港オフィスでアジアに進出、中国とシンガポールに続いて東京オフィスが設立されたのが１９９７年だ。

そういうわけで、僕が入った１９９９年頃は「ほぼ世界制覇だぜ！」という直後だからイケイケな空気を感じたし、カリスマＣＥＯのジョン・グラハム（現在は会長）は新興宗教の教祖か何かのようでちょっと引いたりもした（笑）。

入社してまず驚いたのは、本当に「グローバル」なことだった。まずメールがどんどん来る。フランスから、香港から、南アフリカから、ニューヨークから……それも「今週の木曜日にプレゼンなので大至急事例募集！　ペットフードの成功例を世界中から求ム！」みたいな感じだ。最初は圧倒されていたが、これは逆に利用しない手はないと、短期間で世界中の知見を集めて東京のクライアントに感激されたこともあった。

さらに感心したのは、「プラクティスグループ」と呼ばれる専門特化した横断機能の存在だ。世界レベルでヘルスケアやテクノロジー、デジタルなどの専門領域がそれぞれバーチャルカンパニーのように動き、クライアントに対峙し新規案件を獲得していく。地理的な所属オフィスと専門性別のプラクティスグループのマトリックス構造になっているわけだ。僕の場合は「東京オフィス勤務で消費財マーケティング・グループ所属」みたいな具合だった。日本の代理店のように「第○○営業部」が普通だと思っていた僕にはこれも斬新だった。

入社して2年ほどたったときに、マイアミで開催された消費財マーケティング・グループのカンファレンスに初めて参加した。世界中から300人ほどが集まって、各国の事例を共有したり喧々諤々議論したりの3日間。フリータイムのディズニーランドツアーをパスするほど疲労困憊したけれど、この経験がなかったら、いまの僕はないだろう。のちに日本で「戦略ＰＲ」と呼ぶことになる発想を身につけたのも、この頃だ。

こう書いてくると、グローバルＰＲ会社万歳！　みたいに聞こえるかもしれないが、意外な弱みを感じることもあった。皮肉なことだが、「ＰＲが当たり前」なだけに、思ったほど理論的にＰＲの方法論が説明されていないのだ。いってみれば「暗黙知」になっている部分がけっこうあって、僕からすれば、「その暗黙知こそが知りたいんだけどなあ」というフラストレーションもあった。何度聞いても、「普通こういうＰＲすればこういう結果になるでしょ」という答えばかりで、どうにも噛み合わない。

こうなると、いわゆるリバースエンジニアリング（機械を分解して、製品構造を理解すること）をするしかない。そこでグループ内はもとより世界中のベストプラクティスを調べまくって、まさに「分解」していった。何をどうすれば、再現性のあるＰＲの方法論が構築できるのだろう——最初は辞めたいと思っていたくせに、入社３年も過ぎた頃はそれを追求しパッケージ化することに夢中になっていた。逆にいえば、ＰＲを知らなかったからこそ、暗黙知を形式化するという発想を持つことができたのだ。

こうして構築していった方法論をベースに、２００６年に僕はブルーカレント・ジャパンを立ち上げた。それが「戦略ＰＲ」というフレームワークへと進化し、現在にいたるというわけだ。

ＰＲ作品が５倍になった世界最大の広告祭カンヌライオンズ

このようにダイナミックな世界のPRでは、さらに大きな潮流が進行している。**「クリエイティビティの重視」**だ。

象徴的なのが、世界最高峰の広告祭として知られるカンヌライオンズ国際クリエイティビティ・フェスティバル（以下、カンヌライオンズ）にPR部門が設立され、ここ数年でもっとも成長したカテゴリーとなったことだ。

毎年6月に1週間、映画祭の終わったばかりのフランス・カンヌで開催されるカンヌライオンズは、2011年に正式名称から「広告」の文字を消し去り、「クリエイティビティ・フェスティバル」となった。まさにこのことが、「クリエイティビティが発揮されるべきは広告に限らない」というメッセージでもあり、これに先立った2009年にPR部門が開設されている。待ってましたとばかりに世界中からの応募が毎年増え続け、6年で5倍の2000エントリーにふくれあがった。

「カンヌ・クリエイティビティ・フェスティバルはもともと広告のコンペティションだったので、PR部門が設立されてから数年の間は、審査員に広告会社の人が含まれていました。応募作品も広告会社からの応募が多く、**マスメディアで大量にパブリシティを獲得し**

たり、ソーシャルメディアでバイラルするようなフラッシュモブなどの企画が、話題になったということだけでアワードを獲っていた時期もあったんです」

カンヌPR部門の審査員を過去3回ほどつとめた、博報堂ケトルの嶋浩一郎氏は振り返る。実際のところ、PR会社のエントリー数が広告会社を超えたのは、2015年になってからだ。カンヌライオンズは、世界のPRパーソンの参加率を高めるべく、審査員にPRのグローバルエージェンシーのCEOといった人たちを招聘した。そうしてPR業界を取り込んでいく過程で、審査基準そのものも見直されていった。嶋氏は言う。

「その仕事では新しい合意形成がなされたのか？　合意形成の過程にアイデアフルなクリエイティブがあるのか？　ということが議論され、いまのようなクライテリア（判定基準）に変化してきました」

パブリシティは「歯磨き」と一緒？

「パブリシティは歯磨きするのと一緒」。

２０１１年のカンヌＰＲ部門の審査委員長をつとめた、フライシュマン・ヒラードＣＥＯ（当時）のデイブ・セネイが記者会見で記者の質問に答えた言葉だ。

ニュースをつくることはＰＲパーソンにとって歯磨きのように当たり前にやることであって、重要なのは、そのパブリシティで何を起こすかだ。まさに本質的なポイントで、２０１１年は「ＰＲの評価基準が定義された」（嶋氏）年となった。

セネイ氏は振り返る。

「ＰＲの成功とは何を指すのか？　その問いが出発点でした」

「16人の審査員は皆、パブリシティ結果と広告換算ばかり強調するエントリーに心底辟易していたんですよ（笑）。パブリシティは重要だけれど、その役割は認知獲得における基本活動。いってみれば、毎日の生活での『歯磨き』みたいなものなのです」

そこで、前章で紹介した「PRのピラミッド」（65ページ）が生みだされる。セネイ氏は審査委員長として、このピラミッドを正式な評価基準として発表した。

「とてもシンプルに、PRにおけるヒエラルキーを示した。上に行くほどエライのだから、誰が見てもわかりやすい。世界のPRパーソンから、大きな共感をもって受け入れられたという手応えがありました」とセネイ氏は思い起こす。

本書で繰り返し述べている「ビヘイビアチェンジ」は、世界のPR業界では、2011年の時点で「本来目指すべきもの」として認識されたわけだ。いまではカンヌに限らず、多くのPRの国際的アワードにおいて、「ビヘイビアチェンジが起こったか？」＝「人の行動を変えることができたのか？」が評価基準となっていることを実感する。

一方で、この真っ当な評価基準はPR施策の効果検証ハードルを上げてしまったことも事実だ。「言うは易し」というやつである。

僕自身、約20年キャリアを積んできた中で実感しているけれど、「人の行動を変える」というのは並大抵のことじゃない。「大きなビヘイビアチェンジを起こした」と胸を張って言えるＰＲ施策が、いったいどれだけあったことか。

この点において、日本のＰＲ業界は残念ながらまだ周回遅れだ。

２０１６年、日本パブリックリレーションズ協会が主催する「ＰＲアワードグランプリ」は、審査基準などの大幅刷新を行った。そのなかでやっと強調されはじめたのが、活動成果の説明における「広告換算」の禁止だ（参考指標としてはＯＫ。それを主たる成果指標とは認めない）。カンヌが２０１１年に評価基準を定めたことから考えると、ざっと5年遅れというところだろう。

日本は「ＰＲが苦手」だからＰＲが遅れているのか、「ＰＲが遅れている」からＰＲが苦手なのか……もはや卵とニワトリ的な話であるが、国益の観点からも間違いなくＰＲの手練は必要だといえるだろう。

「日本のＰＲ発展の道はまだまだだなあ」と、早くもこの章で悲観にくれる必要はない。

逆にいえば、むしろこれまでPR力なしに成長してきたともいえるわけで、まだ伸びしろがあるという意味では、大いなるチャンスだ。

日本ならではの有利な点だってある。前出の嶋氏は、ともすると揶揄もされる日本独自の商習慣に着眼する。

「海外はPR会社と広告会社が独立しているので、実は日本ほど〝協業〟に慣れていない。日本は特殊な市場で広告会社の中にPR部門が存在したりする事情で、商流としてクライアントはまず広告会社に仕事の依頼をして、その流れの中でPR会社に仕事が発注されるというケースも少なくない」

「日本のPRパーソンの良いところは、広告会社の人と互いに協業して働く機会が多いところ。これは、いま求められているインテグレーテッド（統合型）キャンペーン、つまり、さまざまなコミュニケーション手段を統合してシナリオをつくり実行していく、最新型のコミュニケーションの立案が得意だということです」

グローバルPR業界で長年働いてきた僕も、これには同感する部分がある。

それを裏づける事象は、実は前出のPR会社世界ランキングの中にもある。PR業界全体の成長率だ。ランキングを発表しているPR Week誌によれば、世界トップ50社の20
20年の成長率は0%という結果になった。

これについては、どうやら業界全体が、ある種の「踊り場」に突入したという見方が強い。世界的に、いわゆる「手法」のインテグレーション（統合）が進み、各エージェンシーの枠を超えたワンストップのサービスが求められる中、各社の試行錯誤の悪影響だというわけだ。

広告手法ばかりが発達してPRが冷や飯を食わされていた感のある日本だが、案外に、これからはそれが強みになっていくかもしれない。

戦略PRの6つの要素

この章では、PRが苦手といわれる日本とダイナミックな世界のPRにはまだまだ大きな隔たりがあること、しかしそのギャップにはチャンスもあり、日本がその強みを活かしてPR力を発展させる大きな可能性もあることを述べてきた。それには、世界レベルで評価される数々のPR事例を「リバースエンジニアリング」する必要がある。再現性のある要素に整理して、会得する必要がある。

対談をはさんで、次章からいよいよ本書の「肝」である、戦略PRを成功させるための「6つの要素」に入っていく。この6つは既出の3要素と新しい3要素から成っている。2009年に刊行した拙著で、僕は戦略PRの3つの要素を提唱した。こんな具合だ。

1.「おおやけ」の要素――「社会性」の担保
2.「ばったり」の要素――「偶然性」の演出

3.「おすみつき」の要素――「信頼性」の確保

「おおやけ」とは、社会性や公共性。世の中のニーズや社会課題と自社や商品を結びつける視点であり、PRの基本所作ともいえる。

「ばったり」とは、情報洪水の中で、偶然出会う（出会ったと思える）情報の価値。過剰に狙われることを忌み嫌う消費者傾向がさらに強まる中で、コンテンツのあり方に直結する要素だ。

「おすみつき」は、インフルエンサーなどの「第三者発信」によって得られる信頼性。ソーシャルメディアが定着し、次世代のインフルエンサーマーケティングが勃興しはじめた現在、ますます重要な要素になるだろう。


本書では、以上の3要素についても、この10年の間に起こった環境変化やグローバル潮流などを考慮し、普遍的な要素は残しつつ、大幅にアップデートして解説していく。いわば最新の「おおやけばったりおすみつき」である。

そして、この旧3要素に今回加わることになる、まったく新しい3要素だ。

4．「そもそも」の要素――「普遍性」の視座
5．「しみじみ」の要素――「当事者性」の醸成
6．「かけてとく」の要素――「機知性」の発揮

「そもそも」は、普遍的なテーマが持つパワーの効用についてだ。社会に影響を及ぼすPRには、「よくぞ言ってくれた！」という人々の潜在的な普遍性に訴えかけるものがグローバルにも少なくない。そのメカニズムを解明する。

「しみじみ」とは、その響きのとおり情緒的要素であり、それが結果的にもたらす当事者性だ。ここでは、企業のコミュニケーション手法として近年注目される「ストーリーテリング」の観点から迫ってみる。

そして最後に「かけてとく」の要素。これはウィットや頓知に見られる、機知とリアルタイム性に富んだコミュニケーションのことで、日本のPRにまだまだ足りない部分だ。PR的なクリエイティビティを体現する要素でもある。これが新しく加わった3要素、「そもそもしみじみかけてとく」だ。これらの6要素を以降の章で解説していこう。

対談

嶋 浩一郎
×
本田哲也

PRにこそ、
もっとクリエイティビティを!

嶋 浩一郎　プロフィール

株式会社博報堂執行役員兼株式会社博報堂ケトル取締役・クリエイティブディレクター。1968年生まれ。1993年博報堂入社。コーポレート・コミュニケーション局で企業のPR活動に携わる。2004年「本屋大賞」立ち上げに参画。現在、NPO本屋大賞実行委員会理事。2006年既存の手法にとらわれないコミュニケーションを実施する「博報堂ケトル」を設立。カルチャー誌『ケトル』の編集長、エリアニュースサイト「赤坂経済新聞」編集長などメディアコンテンツ制作にも積極的に関わる。2012年東京下北沢に本屋B&Bを開業。

※この対談は2017年に行われました。

PRの役割って何？

本田　嶋さんとは、審査会やイベントなどでよくお会いしますが、このように対談するのは初めてですね。よろしくお願いいたします。

今回は、嶋さんが過去3回審査員をつとめられたカンヌライオンズ国際クリエイティビティ・フェスティバル（以下、カンヌライオンズ）などでの知見を伺い、海外のPRの潮流と日本のPRパーソンがこれから目指すべき姿などについてお話しできればと思います。いきなり根本的なことを伺いますが、そもそもPRとは何だととらえていますか？

嶋　本来PRの仕事とは、社会やあるコミュニティの中に、新しい「合意形成」を生むことです。たとえば、男性が育児参加する「イクメン」という新しいライフスタイルが世の中に定着したり、LGBTを受け入れようという新しい価値観が浸透したり、新しい概念や価値基準、ライフスタイルを生みだせたかが、PRの仕事に対する評価。

だから海外でのPRの賞のクライテリア（判定基準）は、「合意形成」ができているかどうか。カンヌではそれに加えてクリエイティビティも重要視されます。設立以来クリエイティビティが審査の根幹ですから、PR部門においても「なるほどその手があったか！」というようなやり方で合意形成を成し遂げた仕事が高い評価を得るわけです。

「合意形成」のさせ方がユニークな代表作2例

嶋　過去のカンヌライオンズ受賞作の中で、合意形成のさせ方がとても面白い代表作を2つ選ぶとするなら、まずひとつはオーストラリアのナショナル・オーストラリア銀行（以下、nab）の「Break Up（お別れ）」というPR施策があげられます（2011年PR部門グランプリ）。銀行のサービスなんて皆同じで横並びでしょうと思っていたオーストラリア人のパーセプション（認識）を変えるためのキャンペーンで、そのためにnabは他の銀行に「決別宣言」をしたんです。

たとえば、ライバル銀行のビルにトレーラーで乗りつけ、ピアニストが別れの歌を歌ったり、別の銀行の本社ビルの上を「You're dumped.（あなたは見捨てられた）」というコピーが書いてあるバナーを吊るしたヘリコプターで旋回したりと、ものすごい離れ技をするんですよ。

本田　随分とエキセントリックなことをしましたよね！

嶋　本当に（笑）。でもnabはそのことによって多数のパブリシティを獲得し、多くのオーストラリア人に「この銀行は他の銀行とは違うんだ」とパーセプションを変えさせ、さらに預金や住宅ローンの借り換えなどのビヘイビア（行動）の変化も起こさせました。この仕事において重要なのは、パーセプションもビヘイビアも変化させると同時に、「なるほど、そんなやり方が！」というクリエイティブな手法でそれを実現しているところです。

本田　かなり高度なPRですよね。

嶋　もうひとつが、2013年のPR部門のグランプリを争ってゴールドを受賞したユニリーバのトータルビューティケアブランド「Dove」の「Real Beauty Sketches（リアルビューティー スケッチ）」です。女性は自分自身のことをそれほど綺麗ではないと思い込んでいるという現状のパーセプションを、いやいや、他の人から見たら綺麗だよ、と変えていくキャンペーンです。

どうやったか。元FBIの似顔絵捜査官に、女性の顔を見ずに伝えられた女性の特徴だけで似顔絵を描いてもらうのです。まずは女性自身が、次に彼女の知り合いが似顔絵捜査官に女性の特徴を伝えます。すると、知り合いからの説明で描いた似顔絵のほうが綺麗な女性に描かれるんです。女性はもっと自信を持って生きていきましょう、というPRなのですが、これも「なるほど、そんなやり方で気づかせるんだ」というところがクリエイティブなのです。

本田　独創的なやり方ですね。

カンヌにおけるPRの評価基準の変遷

本田　しかし、カンヌライオンズがPR部門を開設したのは2009年ですよね。最初からいまのようにクリエイティビティが求められていたのですか？

嶋　〝カンヌ〟はもともとテレビCMやグラフィック広告を審査する広告業界のコンペテ

ィションだったので、ＰＲ部門が設立されてから数年の間は、審査員に広告会社の人も多く含まれていました。応募作品もネットでバイラルしたり、多くのパブリシティを獲得したスタントなどが多く、パブリシティの露出量だけでアワードが獲れた時代もありました。いまは、それこそ新しい概念やライフスタイルの定着に主眼が置かれるようになったわけですが。そして、２０１５年にやっと、ＰＲ会社のエントリーが広告会社を超えたというのが現状ですね。

本田　なるほど。一見すると、数字ばかりが派手なＰＲの受賞が多かったのですね。

嶋　そうです。しかし、カンヌライオンズの事務局が世界のＰＲパーソンたちが参加する賞に育てていこうということで、審査員にＰＲのグローバルエージェンシーのＣＥＯなどを招聘するなど、ＰＲ業界のカンヌへの参加を促進しました。その過程で審査基準が見直されてきたわけです。その仕事は合意形成が本当になされているのか、合意形成の過程にクリエイティビティがあるのかが議論され、いまのクライテリアが確立してきたのです。

ビヘイビアチェンジが起きてこそPR

嶋　「パブリシティは歯磨きするのと一緒」という言葉があります。要は「ニュースをつくることなんてPRパーソンにとって歯磨きのように当たり前にやること。問題はパブリシティによって何をするのか」という意味ですね。確か、本田さんの会社のグループである……。

本田　ええ、当時フライシュマン・ヒラードのグローバルCEOだったデイブ・セネイが、審査員長をつとめた2011年のカンヌライオンズでの記者会見で放った言葉です。

嶋　これは非常に良い記者会見で、この年、PR部門の審査基準がかなり明確に打ちだされたと思うんです。たくさん出ることではなく、その上位概念である「合意形成」がどれだけできたかで審査をしようということですね。それを分解すると、いままでの常識に代わる概念が浸透し（パーセプションチェンジ）、新しい行動を起こさせたか（ビヘイビアチェンジ）ということになります。

日本にも評価される仕事はたくさんあるはずです。僕らＰＲパーソンは賞を獲るために仕事をしているわけではありませんが、世界のＰＲパーソンたちが「合意形成」技術を競っている中で、自分の力がどのくらいあるのか試してみる価値はあると思います。

カンヌライオンズで学べる３つのポイント

本田　２０１６年はこれまでに増して、日本のＰＲパーソンの姿をカンヌライオンズで見ました。

嶋　ええ。少しずつ日本のＰＲパーソンの数が増えています。ＰＲ部門がなかった頃は、ＰＲパーソンは何を見ればいいのかと戸惑っている方も多かったですね。

僕はここ十数年カンヌに参加していますが、ＰＲパーソンの情報交換のためにカンヌに来ているＰＲパーソンと現地で食事会をしているんです。２００２、３年などは3、４人でこぢんまり集まっていたんですよ。けれども２０１６年は20人くらい集まったでしょうか。この10年はＰＲパーソンのバリューがコミュニケーション業界の中で高くなってきた時代と重なるんですよね。
　カンヌライオンズには、さまざまなジャンルのいろいろなコミュニケーションのスキルがたくさんありますから、他の人の手がけた仕事を見て触発されることも多いのではないでしょうか。ＰＲパーソンはもっとカンヌライオンズに見学に行って、その空気に触れてもいいんじゃないかなと思いますね。

本田　カンヌライオンズには学びがあるということですね。

嶋　はい。ざっくり3つのポイントがあると思います。ひとつは、ＰＲはパブリシティではなく「合意形成」であるということ。2つめは、もっとクリエイティブになれ！　ということ。そして3つめは、日本のＰＲパーソンは本当はインテグレーテッド（統合型）キャンペーンが得意なんだから、頑張れ！　という、学びというかエールです（笑）。

本田　日本だとＰＲのＫＰＩはいまだに「広告換算でいくらのパブリシティが出ました」ということが仕事の評価基準になっていますよね。

嶋　そうなんですよ。ＰＲパーソンが自分の仕事の可能性を自ら狭めているといっても過言ではありません。先ほど説明したように、本来ＰＲは新たに世の中の「合意形成」を醸成する、非常に高度なコミュニケーションのテクノロジーです。もちろんパブリシティも、「世の中に新しい概念をもたらすために、第三者である影響力あるメディアが、その考え方を伝えてくれる」ということにおいては、とても重要なスキルです。が、それはあくまで手段です。そのパブリシティを通じて、どんなパーセプションを変化させるか、最終的にはどんな行動を喚起させたかという点が、PRパーソンが本来やらなければならないことなのです。これがカンヌで学べるポイントのひとつです。

もっと自由に！　もっとクリエイティブに！

本田　クリエイティビティというと、これまでは広告の人たちの得意分野というふうにとらえられていましたよね。

嶋　もともとカンヌライオンズはアイデアを評価する国際賞です。

実は本来PRというのは、目的達成、つまり新しい合意形成や新しい行動の定着のためには何をやってもいいコミュニケーション技術なんです。学会をつくったり、ロビー活動や国際会議を開いたり、NPOをつくっても、何をやってもいい。

だから実はとても自由だし、ニュートラルなコミュニケーションなんですよ。KPIが広告換算になってしまうと日本のPRパーソンはパブリシティばかりやりますが、本来はもっといろいろやってもいいはず。

事実2016年の受賞作品「The House Of Clicks」(148ページ参照)はビッグデータをPR的に使っています。いまは広告のほうがテクノロジーの使い方が上手いですが、PRパーソンだってこの仕事のようにテクノロジーを使いこなせばいいし、逆にテクノロジーを持っているプレイヤーは、PRパーソンと一緒に仕事をすることで、いろいろな選択肢が広がるような気がしますね。

本田　そうですね。特に若い世代のPRパーソンには、テクノロジストみたいな人も増えてきました。テクノロジストの方もPRという領域はよくわからないという人がいましたけれども、いまは両者が近づいています。デジタルとか最新テクノロジーとPRの発想は、きちんとマリアージュを起こせば、すごい効果が得られると思います。それが「The House Of Clicks」で起こったことなんですよね。

嶋　最新の海外事情を知れば、ＰＲパーソンはクリエイティブなことをやっている、アイデアで問題解決ができて、私たちの持っている選択肢はこんなにも広いということを学ぶことができます。これが２つめのポイント。

インテグレーテッド（統合型）キャンペーンが日本のＰＲの強み

本田　とはいっても、日本と海外ではＰＲ会社やＰＲパーソンが置かれている状況は違いますよね。

嶋　ええ。海外はＰＲ会社と広告会社が独立しているので、実は日本ほど〝協業〟に慣れていません。日本は特殊な市場で広告会社の中にＰＲ部門が存在したりしている事情で、商流としてクライアントはまず広告会社に仕事の依頼をして、その流れの中でＰＲ会社に仕事が発注されるというケースも少なくありません。

本田　あまり自由にアイデアを出せない感じがしますね。

嶋　これはこれで問題はあるのですが、日本のPRパーソンの良いところは、広告会社の人と互いに協業して働く機会が多いところ。これは、いま求められているインテグレーテッド（統合型）キャンペーン、つまり、さまざまなコミュニケーション手段を統合してシナリオをつくり実行していく、最新型のコミュニケーションの立案が得意だということです。なので、PRパーソンも臆せずリーダーシップをとって、キャンペーンを立案する立場になってほしいと思います。

PRという仕事のKPIを見直してみる

本田　日本のPRパーソンの仕事がもっと評価されるために、何が必要だと思いますか？

嶋　前述しましたが、KPIを広告換算でしか見せられないということは、クライアント側もPRパーソン自らも、仕事の可能性を狭めていると言わざるを得ない部分があります。たとえば「パブリシティが広告換算で2億円になりました！」と言っても、クライアント側はその2億円を出すために頑張っているのではなく、その商品が世の中に知られて新しい生活をつくる、あるいは新しい概念を世の中に定着させるためにやっているわけでしょう？　本来は広告換算で2億円だろうが3億円だろうが、クライアント側にとってはあまり意味はない。

とはいえ、パーセプションやビヘイビアの変化をKPIにしたとき、評価のハードルが非常に高くなることも事実です。しかし僕はPRパーソンが、企業にとって重要な課題解決を、PRというコミュニケーション手段で実現できれば、PRパーソンはもっと収益性の高い仕事をする、つまり高いフィーが取れるようになると思うんです。本当にパーセプションチェンジができる技量を持つPRパーソンが日本で次々と誕生していくためにも、KPIを広告換算で測る現状は変えていったほうがいいのではないでしょうか。そういう刺激を受けるという意味でも、カンヌはいい試金石になると思います。

この章で紹介した事例

・ナショナル・オーストラリア銀行
「Break Up」キャンペーン
→ 117ページ

・ユニリーバ「Dove」の
「Real Beauty Sketches」キャンペーン
→ 118ページ

第4章

「おおやけ」の要素 ――「社会性」の担保

社会課題解決をめざす「ソーシャルグッド」の潮流

「ソーシャルグッド」の潮流

戦略PRにまずもって重要なのは、**「社会性」**である。近年は「ソーシャルグッド」と形容されることで、PRのみならず世界的な広告クリエイティブやマーケティングの分野の一大流行となった。

少しだけその流れを振り返ってみよう。

「ソーシャルグッド」とは、「社会をよくする」「社会課題を解決する」ことを目的にした活動を総称する。このキーワードが世界のマーケティング業界で話題になったのは2010年前後だろう。フィリップ・コトラー教授の「マーケティング3・0」、マイケル・ポーター教授の「CSV（共通価値の創造）」が立て続けに提唱され、社会と共存する企業活動やマーケティングが「次世代型」だとされた（この動きは、ソーシャルメディアの本格化と時を同じくしている）。

これを受け、2012年あたりからカンヌライオンズでも「ソーシャルグッド」は広告業界全体のトレンドとなるわけだが、いかんせん、ちょっと安易に広まり過ぎた。とにかく「おおやけ感」を出せばイマドキなキャンペーンになって賞も獲れるだろうと、猫も杓子も「ソーシャルグッド」状態になったのだ。

何事にも「揺り戻し」はあるもので、早くも2014年のカンヌあたりから「〝ソーシャルグッドもの〟は気持ち悪い」という声が出はじめた。なんとも風見鶏っぽいが、良くも悪くも業界の感度の良さというものだろう。

ともあれ、大きな流れは変わらない。GDPが大きい世界9ヶ国の1万人を対象とした2015年の調査『Global CSR Study』でも、消費者の実に9割が、「利益の追求のみならず社会課題に責任を果たすこと」を企業に求めている。PRの「お家芸」でもあった社会性や公共性の担保は、世界的な消費社会の成熟とともに、広告も含めた統合コミュニケーションの重要な要素になろうとしている。

これが、最初の要素「おおやけ」だ。

重要なポイントは大きく2つ。**「社会インサイトの見極め」**と**「ソリューションの有言実行」**だ。インサイトは「洞察」などと訳されるが、社会を深く洞察し、多層な社会課題をとらえることができるか。それに対するソリューション（解決のための施策）が明確に提示され、かつ有効性を持ったものか。

あなたの会社やブランド、そしてその商品が介在する意味は本当にあるのか——最新のグローバル事例を交えながら、さっそく話を始めていこう。

家事をしないインドのお父さん
150万人の父親を動かしたP&Gの戦略PR

これは社会的問題を取り上げることでPRにつなげる、非常にわかりやすい例だ。「家事をしないインドのお父さん」にスポットを当てたP&Gの洗濯洗剤「Ariel（アリエール）」の「Share The Load（シェア・ザ・ロード）」というキャンペーン。いわば、洗濯（家事負担）を夫婦でシェアしましょう、という意味である。

まず前提として知っておきたいのは、インドのお父さんは本当にちっとも家事を手伝わず、「仕事から帰ってきたら、まずはチャイでしょ。それが何か？」という状態なのだということ。この「おおやけ」の問題に目をつけ、ユーチューブなどで動画を流したりSNSを使ったりとウェブ上での仕掛けを主軸とし、最終的にはお父さんたちに意識改革をしてもらおうという狙いだ。

動画ではまず、母親たちが家で仕事をしている息子の嫁の話をしている。「うちの子の嫁は仕事が忙しくてね、息子よりも高給取りみたいなのよ」「私たちの頃とは大違いよね」。そんな他愛のない話をしていると、奥から息子の叫ぶ声が聞こえてくる。「ねぇ、ぼくの緑のシャツ、なんで洗濯していないの～？」。一斉に振り返る母親たち。そこで次のメッセージが出てくる。「なんで洗濯は女だけの仕事なの」。

インドも女性の社会進出が進み、高学歴、高収入の女性が増えた。にもかかわらず、家事はすべて女性の仕事。まるで日本と同じような現状がインドにもある。つまりこのキャンペーンは男性の家庭進出を促進するのが狙いなのだ。

まずは話題性のある動画を流すことで火をつけたのち、マスコミにキャンペーンを張った。その結果、討論番組が組まれて、いかにお父さんたちが家事をしないかディスカッションされ、このテーマはおおいに盛り上がった。

また、インドのファッションウィーク中にアパレルメーカーと組んで「なんで洗濯は母親だけの仕事なの」というメッセージを出したり、とあるアパレルメーカーの服の洗濯マークのタグに「Can be washed Boss & Women（男女関係なく洗濯できます）」という皮肉を込めたメッセージを入れたりなど、ネットとリアルを縦横無尽に使い、仕掛けていったのだ。その結果、ＳＮＳ上でインドのお父さん約１５０万人が「洗濯します」と宣言するまでになった。

この施策は、まず「インドのお父さんは家事をしない」という〝おおやけ〟の問題を提起しつつ、服つながりでアパレルメーカーも巻き込み、お父さんたちの意識改革を進めるとともに、女性側も「いいこと言ってくれるわ、アリエール」とブランドの好感度も上がる、という非常に良くできた王道のＰＲであることに注目したい。マーケティング的に見ても、この一連のキャンペーンで洗濯に目覚めたお父さんが洗濯洗剤を選ぶ際、アリエールを選びやすくなるという効果も期待できる。

このＰＲ施策は一度２０１５年の秋には終了したが、非常に好評だったのだろう、２０

16年にはシーズン2に入り、TVコマーシャルにまで広がった。今度のストーリーは、父親が娘に詫びるという話だ。年老いた父がシーズン1に出てきた娘家族の家に遊びに来て、チャイを飲みつつ新聞を読んでいる。向こうでは忙しく立ち働く娘。と、そこに娘に仕事の電話が入る。対応する娘の足元にはおもちゃを散らかす孫娘、そして聞こえる「ねぇ、ぼくの緑のシャツ、なんで洗濯していないの~?」という声。

家事負担を一身に引き受ける娘の姿を見て、父は思う。「私はお前のお母さんをまったく手伝わなかった。悪い例を見せてしまって、本当に悪かった」。独白は続く。「でもまだ遅くない。私も洗濯をやってみるよ」。

シーズン1は若い世代のお父さんがターゲットだったが、今度はその上の世代のお父さんがターゲットだ。「いま意識改革をしないと将来、孫娘まで、娘と同じような苦労をする」という祖父としての心配の気持ちと、苦労している娘への懺悔をうまくすくいあげ、上の世代のお父さんの家庭進出へと促している。

米国の農家を有機農法へ移行させたビール会社の施策

意外に思われるかもしれないが、米国では今、オーガニック食品に対する需要が高くなっており、90％の米国人がオーガニック食品を購入したいと思っている。その一方で、有機栽培が行われている農地は、米国の農地のわずか1％だ。

これはある意味、仕方のないことだ。これまでの大量生産、大量消費の世の中においては、農地はいかに安く、早く生産するかを求められていたのだから。

また、農家が有機農法に移行するにはいくつかリスクがある。移行には膨大な投資だけでなく、3年の月日がかかってしまううえ、移行期間中は農地の生産高は減少してしまう。そのため、オーガニック食品の需要はあるものの、ほとんどの農家が有機農法への移行に踏み切れないという現実がある。

そこに切り込んだのが、世界最大の穀物購入企業のひとつでもある米国の大手ビールメーカー「アンハイザー・ブッシュ（Anheuser-Busch）」。日本でもお馴染みの「バドワイザー」を扱っている企業だ。アンハイザー・ブッシュは、「Contract For Change（変化のための契約）」と名付けられたキャンペーンで、米国内の農家に向けて以下の提案を出した。

①有機農法への3年の移行のあとに収穫された大麦は、アンハイザー・ブッシュが販売するオーガニックビール「ミケロブ ウルトラ ピュアゴールド（Michelob ULTRA Pure Gold）」が最初の顧客になります。

②アンハイザー・ブッシュは、3年の移行期間のあいだ顧客になり、大麦の生産量が減る分、通常よりも25％高い価格で買い取ることを約束します。

③米国オーガニック・トレード協会（Organic Trade Association）や米農務省などの信頼できる農業組織を通じて、有機農法の実践に関するトレーニングを提供します。

ネックになっていた3年の移行期間の収入減というリスクを回避できる上、生産した大麦を販売する相手が確約されているこのキャンペーンは、農家にとっては破格の好条件といえるだろう。この施策は、全米の農家に向けて地方新聞の広告などで大々的に宣伝された。その結果、175人の農家がすでに契約書に署名し、10万4000エーカー（米国の大麦農地全体の4％）が有機農法への移行を開始したのだ。

「Contract For Change」キャンペーンはまだ続いており、2023年までにオーガニック大麦の作付面積を3倍にしてオーガニックビールの爆発的な需要に対応しながら、生産を25％拡大することを計画しているそうだ。

このキャンペーンの内容は、一企業というよりは国が率先して行うような非常に公共性の高いものだ。しかもアンハイザー・ブッシュという大企業の資本力がなければできないだろう。しかし、需要に応えるためという一企業のメリットだけでなく、有機農法への移行に躊躇していた農家、健康的で安全な原材料のビールを欲している生活者の三者にとって良いことのある、素晴らしい施策といえるのではないだろうか。

ちなみにこの事例は、2021年のカンヌライオンズでグランプリに輝いた。

グローバルおおやけとローカルおおやけ
社会インサイト

「空気をつくる」のが戦略PRだ。しかし、そのためには当然、まず「世の中の空気」を読まなければならない。

いま世の中は何に困っているのか?

それはなぜなのか?

何がハードルになっているのか?

つまり「社会インサイト」を正確に把握することが第一歩となる。簡単にいうと、**何らかの「社会課題」を見つける**ということだが、そう簡単な話でもない。

これからの社会インサイト把握には、グローバルな視点とローカルな視点の双方が必要だというのが、僕の見立てである。世界共通の課題意識と、その国や文化で共有されているインサイト、いってみれば**「グローバルおおやけ」**と**「ローカルおおやけ」**だ。インドの事例では、「男女共同参画」という世界レベルのおおやけと、「あまりに家事をしない父親」というローカルのおおやけがうまく溶け合っている。

まず「グローバルおおやけ」だが、島国である日本はいささかこの観点に乏しいように思える。主観も入るかもしれないが、日本人は、自分たちで閉じた世界の中では異様に深くハイコンテクストである（相手の気持ちや文脈を察して対応する）一方、グローバルな社会問題にはもうひとつ疎いところがある。「所詮は対岸の火事」ということかもしれないが、いまどき地理的、言語的なエクスキューズは通用しない。なにより、日本には多くのグローバル企業が存在する。

近年は中国に水を空けられたとはいえ、米フォーチュン誌の、世界の企業の売り上げランキング「グローバル500」には50社以上がランクインする。ドラマにもなった池井戸潤氏の小説『下町ロケット』ではないけれど、世界に技術や部品を供給する知られざる優良企業や世界市場を目指すスタートアップもまだまだ存在する。日本のビジネス界はもっとグローバルおおやけを勉強すべきだし、そこにPRのチャンスもあるだろう。

資料3｜持続可能な開発目標（SDGs）

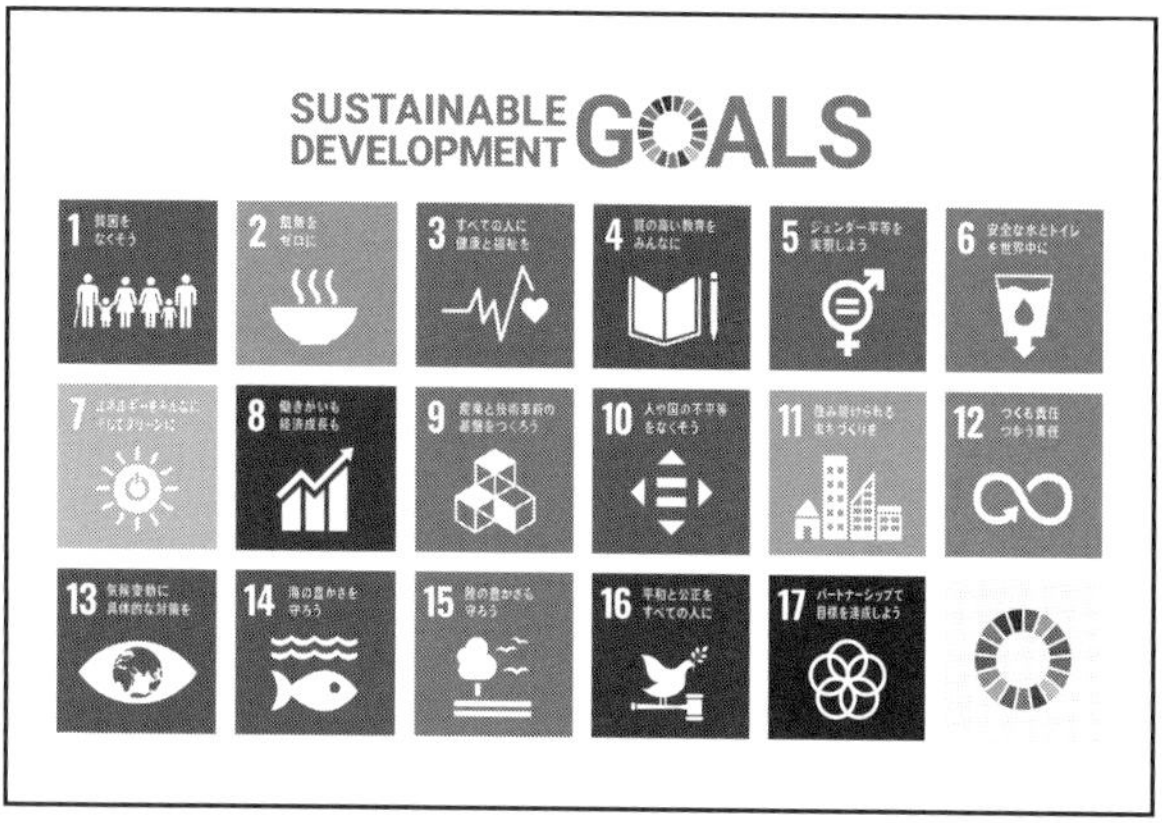

（国際連合広報センター作成）

資料3は、2015年の国連サミットで採択された、『持続可能な開発目標』いわゆる「SDGs（エスディージーズ）」。17のゴールと169のターゲットからなる、2030年までの国際目標だ。まあ「グローバルおおやけリスト」というところだろう。国際レベルなので、「そりゃそうだろう」という課題ばかりだけれど、逆にいえば、これが世界の関心事なのだ。少なくとも、これらを認識し理解しておくことが大切だろう。

次に「ローカルおおやけ」。これはいってみれば「地元の空気」だ。

その国、地域、文化圏では「当たり前」

のこととして共有されていても、他からみれば「へえーそうなの？」という事柄も少なくない。これは、日本の中にだってある。いまや日本の都市部と地方はあたかも違う国のようだ。「マイルドヤンキー」と呼ばれる地方の新保守層がここ数年注目されているが、彼らが共有する空気感はまさにローカルな社会インサイトだ。「給料が上がっても絶対地元を離れたくない」「家を建ててはじめて一人前」「仲間と乗れるミニバンが最高」――これらは彼らにとっては当たり前の空気だけれど、東京などの都市圏から見れば、「へえー」というローカルなおおやけなのだ。こうしたことを理解せずに、都市圏の感覚でＰＲを主導しても地方に響かない。ましてや世界レベルではなおさらのことだ。

国連からマイルドヤンキーまでずいぶんと極端になってしまった。ひょっとすると矛盾していいるようにも感じたかもしれない。けれど、ＰＲにおける「おおやけ」とは、「どこまで施策の有効性を保ちつつ話を大きくするか」という戦略なのだ。そのためにも、ダイナミックな視点とリアルな視点の両方が求められる。

ソリューションの有言実行

この章の冒頭で、流行となった「ソーシャルグッド」が蔓延しすぎて辟易されたという話をした。その大きな理由として、「ソリューションの有言実行」の欠如があげられる。

2012年頃から乱立したソーシャルグッド系のキャンペーンには、イシュー提示で終わるもの、つまり「ある問題に気づかせるだけ」で終わるものも少なくなかった。これ、リアルな人でいったら単なる嫌なヤツである。「この町の川の汚染が進んでいる。けしからん」とか訴えながら、言うだけで自分の家の前すら掃除しないような人。あまりお付き合いしたいとは思わない。

こんな人にならないためには、ソリューションの提示と提供が必要だ。そして、この「ソリューション」の考え方が進化しているのが現在のPRだといえるだろう。

そもそも、商品そのものを社会課題のソリューションと位置づけるのが戦略PRの発想だ。赤ちゃんの睡眠問題にオムツ、夫婦喧嘩の回避に食洗機といった具合に、対象となる商品がソリューションとなるべく「おおやけな空気」をつくる。インドのアリエールも、考え方は同じだ。この発想自体はこれからも変わらないが、新しい潮流もある。それは、ソリューション自体を企業やブランドがつくりだしてしまうというやり方だ。

最近では、たとえば自動車メーカーのボルボが英国で開発した、光を反射するスプレー「LifePaint」がある。夜間に自動車のヘッドライトなどに照らされると白く反射するスプレーだ。

英国では、自転車通勤者が急増。毎年1万9000人が自転車関連の事故に巻き込まれている。ボルボはこの問題を解決するためにスプレーを開発し、ロンドンの自転車ショップを中心に無料で配布した。自転車事故にボルボのクルマは解決策とならない。むしろ事故の原因側である。しかしボルボは「交通安全」というおおやけの問題に対して、ソリューションをイチからつくりあげたのだ。

ここで大事なのは、「おおやけな課題」に対してソリューションが提示されること。そして、それが商品そのものであろうと、イチから創出したものであろうと、「有言実行」であることだ。言ったことは実際にやりとげる、というスタンス。

グローバルなPR業界で最近キーワードになっているのが**「オーセンティシティ(authenticity)」**という言葉だ。「正当性」や「確実性」などと訳されることが多い。「PRにおける正当性」といわれても、なんとなくピンとこないかもしれないが、僕はこれこそ「有言実行」というニュアンスだと考える。

おおやけな課題に対して、解決策を本当に実行する。なぜ自分たちが解決するのかをしっかりと示す。言っているだけでなく行動することで、結果的にそれは「オーセンティックな」PRとなる。

なんだかPRの話を超えてきたなって？ そう、本来PRは企業活動やビジネスモデルと切っても切り離せないものなのだ。だから、中途半端な取り組みは逆にリスクになる。

スウェーデン人の理想の家

次に紹介するのは公的な社会問題とは別の意味の「みんなの意見」を使った、新しい形の「おおやけ」PR。2016年のカンヌライオンズでゴールドに輝いた事例だ。

スウェーデンでもっとも人気のある不動産サイト「Hemnet（ヘムネット）」は、200万人の声を反映したスウェーデン人理想の家を設計した。その方法とはなんと、自社サイトが掲載している8万6000件もの物件に対する2億回（！）ものクリックより抽出したビッグデータを分析したというもの。プロジェクト名はズバリ「The House Of Clicks(ザ・ハウス・オブ・クリックス)」だ。

スウェーデンの人口は約1000万人なので、200万人という数字はつまり、国民20%の声を反映したことになる。このデータをスウェーデンの著名建築家とデータサイエンティストが解析。家の平均サイズや価格、部屋数やキッチンを割り出し、スウェーデン人にとっての理想の家を発表したのだ。
この試みは大変な話題を集め、「我々スウェーデン人にとっての未来の家とはどうあるべきか」といったテレビの討論番組に発展。建築やデザイナーのコミュニティでも賛否両論が巻き起こり、ビッグデータと建築の役割なども含め、とにかく議論を呼んだ。さらにこのPRは海外、特に英語圏に飛び火し、この家が欲しいとなんと600件もの注文が入った。この家の価格は277万5000スウェーデン・クローネなので、日本円に換算すると約3300〜4000万円といったところ。市場換算すると200億円くらいになる。なので、この施策はもちろんへムネットのPRではあるけれど、実は新たな市場をも開発したのではないか、ともいわれている。

この事例は実験的要素が強く、ビッグデータというだけで騒いでいるマーケティング業界へのアンチテーゼともいえる。ビッグデータそのものには価値がなく、それをどう活用するかという点でひとつの示唆があるのだ。

PRとは、ファクト（事実）やデータの意味づけの仕事だ。ファクトやデータにどういう意味があり、それをどのように商品やブランドに落とし込むかが腕の見せ所なのだ。

ここではまずビッグデータに意味づけし、その先にスウェーデン人としての家のあり方、もっといえばライフスタイルという未来につながる議論を巻き起こした。

ビッグデータを使ったPRの好例だといえるだろう。

新たな「おおやけ」の出現
ビッグデータからストーリーをつくる

紆余曲折はあるにせよ、ソーシャルグッドの潮流はこれからも続くだろう。「社会をより良くする」ことへの探求は、人間社会の普遍的な思いとして、テクノロジーやインフラの進化とは別の次元で進むはずだ。

一方、新しいテクノロジーは、「おおやけ」のとらえ方に大きな影響を及ぼしていく。スウェーデンの事例でもおわかりのように、そのひとつが、奇しくも「ソーシャルグッド」と同じ頃からバズワード化している概念、**「ビッグデータ」**だ。

考えてみれば、ビッグデータも定義が曖昧な用語のひとつだ。「企業はビッグデータを活用すべし」という声に異議を唱えるビジネスパーソンはいないだろう。

初期のビッグデータという言葉は、「膨大なデータをどう処理するべきか」と悩む企業へのITベンダーによる売り文句として機能した。しかしここへきて、企業や組織の関心は、(当然のことながら)「それをどう活用するの?」ということにシフトしている。

とはいえ、「ビッグデータをマーケティングに活かす」といえば聞こえはいいが、従来の属性調査や行動履歴モニタリングの発想を超えず、まだまだ目からウロコのような活用事例には乏しいのが現実だろう。ましてやPRへの活用となると、けっこう距離感があるはずだ。

僕はここで、**ビッグデータとは新たな「おおやけ」の出現だ**、と主張したい。

ビッグデータの正体は、無数の人の考え方や行動の集積だ。そうであるならば、それは世論を反映するものである。これまでマスコミが担ってきた「おおやけ」が、より直接的にリアルタイムに可視化されるわけだ。そして、戦略PRの真髄がそうであるように、可視化された「おおやけ」からどんなストーリーを紡ぎだすか、それが肝になる。

「選挙の投票予測にビッグデータを活用する」のは、いわばアンケート調査の延長だ。膨大なデータから正確な行動予測がなされる。そうした領域は、今後ますますビッグデータとAI（人工知能）の仕事になっていくだろう。PRの仕事は違う。膨大なデータから、ひとつのストーリーをつくることだ。データを解釈し「意味づけ」することだ。それは、人間にしかできない価値ある仕事でもある。

「おおやけ」を使いこなす

社会性を担保するには、ハナシを広げる。これはPRの基本だ。だがしかし、「自身（企業・商品・ブランド）」と「おおやけ」との距離感が大事になる。あまりに大きすぎるイシュー（社会問題）は危険だ。身の丈に合っているかどうかは、PR戦略を立てるうえで重要なポイントとなる。それには、社会問題そのものから入るよりも、自分たちのフィールドを起点にしていったほうが良い（インドの「洗濯洗剤とお父さんの家事」のように）。

また、ソーシャルメディア時代を象徴する、いわば「フェイクおおやけ」にも注意したい。ネットやSNS上にはさまざまなオピニオンがひしめき、「フェイクニュース」も登場した。それが本当なのか、本当に社会的な規模なのか、ネット世論だけではないのか――こうした検証が必要だ。

PRプランニングにあたっては、実際に新聞記者やネットニュース編集者などにヒアリングすること（メディアヒアリング）をお勧めする。ネットリサーチやソーシャルリスニングだけで判断しないほうがいいだろう。

「おおやけ」のポイント

1. 社会インサイト＝世の中の空気を読むことが重要。その際に、グローバルとローカルの差を意識する
2. 「おおやけ」な課題を解決するのがなぜ自分たちなのか。その「正当性」があり、具体的なソリューションが用意できていることが大事
3. ビッグデータは新しい時代の「おおやけ」である

この章で紹介した事例

・P&G「アリエール」
（家事をしないインドのお父さん）
→ 134ページ

・アンハイザー・ブッシュ
（有機農法への移行のための契約）
→ 138ページ

・ボルボ「LifePaint」（光を反射するスプレー）
→ 146ページ

・ヘムネット（スウェーデンで最も人気のある不動産サイト）
「The House Of Clicks」プロジェクト
→ 148ページ

第5章

「ばったり」の要素 ——「偶然性」の演出

コンテンツが演出する偶発的な「セレンディピティ」

人は偶然に惹かれる

クリスマス前のニューヨーク。プレゼントの買い物客でごった返すデパートの中、TVプロデューサーのジョナサンと英国人女性のサラは、ひとつだけ売れ残った黒いカシミアの手袋を同時に手にとる。

「どうぞ。僕は遠慮するよ」

「いえいえ。あなたがどうぞ」

思わず笑い合った2人は、数日後にカフェでばったりと再会する。運命を感じる2人だが、互いにフィアンセがいる身だった。

「もしこれが本物の運命ならば、きっとまた会える」

別れ際、財布から5ドル札を出し電話番号を記すジョナサン。その5ドルを目の前の売店で使ったサラは言う。「セレンディピティ（幸運な偶然）の力を信じましょう」

時はめぐり、女友達の財布の中にサラが見つけたのは……。

２００１年に公開された米国の恋愛映画『セレンディピティ』の筋書きだ。とことんロマンチックなストーリーで、個人的にも好きな映画だった。

物語の中で、ジョナサンとサラはどんどん惹かれ合い、観ているこちら側も、それに共感していく。もちろん、２人それぞれの魅力もあるけれど、僕たちを魅了してやまない本当の主人公は、あり得ないほど連続して起こる「ばったり」――偶然性そのものだ。それが、この映画を一級のロマンチックコメディに仕立てている。


僕たちはすべからく偶然に惹かれる。限りある人生の中では、出会う人や情報も限られる。何が自分にとって意味のあるコトなのか、実は誰も最初から答えは持っていないから、「出会い方」自体に意味を求めることもある。

「幸運な偶然」とも訳されるセレンディピティとは、何かを探しているときに、探していたものとは別の価値あるものを見つける能力のことだ。人はそうした力が自分にあると信じたいものだし、セレンディピティの結果だと信じた対象には、価値を見出すものなのだ。

広告・ＰＲコンテンツでも同じだ。自然なかたちで出会った（と思える）コンテンツ。

偶然に見つけた（と思える）コンテンツ。これに価値を見出す。
その逆が「いかにも狙われてる感」だろう。いまや行動ターゲティングのテクノロジーは飛躍的に進化を遂げ、閲覧ページや検索ワードの履歴などで行動を先回りされている。たとえば旅行サイトを閲覧したり「スキー」「北海道」というキーワードで検索したりしたあとに、やたらと航空券サイトの広告が出てくる、スマートフォンのGPS機能をオンにしておいたら、頻繁に地元のマンションの広告が出てくる、などだ。

だからこそ、「この情報にばったり出会ったのには意味があるのだろうな」と思わせる、偶然性の演出が重要になってくる。
これが、2つめの要素「ばったり」だ。

戦略PRに期待されるひとつの役割として、「自然なかたちで潮流をつくる」ということがある。「どうだ！」とばかりのプッシュ的な広告キャンペーンではなく、もっと自然な形で生活者や社会に寄り添っていく。それは、世の中にたくさんの「ばったり」を意図的に起こすことでもあり、ばったり感のあるコンテンツや導線設計のノウハウが必要になるというわけだ。

この考え方は、昨今のブランドジャーナリズム（企業自らが「報道視点」を持ち、受け手にとって価値ある情報を発信する）やコンテンツマーケティング（「売らんかな」の情報ではなく、受け手の関心に沿った有益な情報を提供する）にも通じるもので、コンテンツ開発のあり方として、ますます重要性が増すだろう。

ばったりエフェクトとは？

「見れば見るほど好きになる」という言葉がある。単純接触による刺激が増えれば増えるほど対象への親近感が高まるというもので、これを1968年に提唱したのが、著名な心理学者ロバート・ザイアンスだ。

ザイアンスはオレゴンの大学で、黒い袋を全身にかぶった学生を2ヶ月の間授業に出席させ、まわりの学生の反応を見るというトンデモ実験を行った。それによると、最初は反感が主だった（そりゃそうだ）学生たちは、次第にこの「黒袋学生」に友好的になり、最後にはかばうような素振りさえ見せたという。

ザイアンスの論文『単純接触の態度上の効果』は大きな反響を呼び、当然ながら当時の広告業界にも影響を与えた。その後提唱された「スリーヒッツ理論」や「セブンヒッツ理論」（いずれも、広告接触回数と購買行動の関係を説いたもの）も、やや乱暴ながら、ザイアンスが源流だろう。

がしかし、世の中そんなに単純なものでもない。

単純接触の回数だけで好意をゲットできるなら苦労はない。お気に入りの女子のSNS投稿に「いいね！」をつけまくり、「そのレストランのオーナー知り合いですｗ」などといちいちコメントするオヤジを考えればわかるだろう。ウザいストーカー扱いされるのが関の山で、単純接触を増やせば増やすほど彼女の反発を招くばかり。むしろ逆効果となってしまうのだ。

これが、J・W・ブレームが唱えた**「心理的リアクタンス理論」**だ。人は基本的に自由であることを求め、自分の態度や行動は拘束されたくない。それが脅かされると、心理的なリアクタンス（抵抗）が起き、そこから逃れるためにあえて逆バリの行動をとったりする（これは「ブーメラン効果」と呼ばれる）。「宿題やりなさいよ」と言われれば言われるほど「やーだよ」となるアレだ。心理的リアクタンス理論によれば、広告による過剰な推奨は逆効果につながるというわけだ。

とにかく、**「意図が見え透いた説得に頻繁に接触すること」はネガティブでしかなく、その対極にあるのが、本章でいう「ばったり」なのだ。**

僕はあらためて、ＰＲにおける「ばったりエフェクト（効果）」をここで強調しておきたい。それはつまり、同じ人や情報でも、偶然性を伴った接触とそうでない場合で、受け手の受容性が変化するということだ。

面白い研究結果がある。マイアミ大学の心理学者スーザン・アベル教授が、大学生１３５組のペアを対象に行った実験だ。それぞれのペアは、赤と青のボタンがついた装置に向き合い、いずれかを同時に押す。そうやって、男女ともに同じ色のボタンが押された回数をカウントしていくというものだ（想像するとちょっとドキドキする）。

ところが実はこれには仕掛けがあって、実際に押されたボタンとは関係なく、「一致率

80％ペア」と「一致率20％ペア」が恣意的につくりだされていたのだ。興味深いのは、「また同じ相手と組みたい」と答えたのが「80％ペア」の7割に対して、「20％ペア」では6割弱にとどまったことだ。これはまさに、「ばったりエフェクト」を示唆している。

なぜ、ニュージーランドのNPOは犬にクルマを運転させたのか？

2012年。世界中の人々が、ある衝撃映像にネット上で「ばったり」出会った。それはなんと、犬が本物の車の運転をしている動画だった。

SPCAは、野良犬や捨てられた犬をシェルターに保護し里親探しを行っているニュージーランドのNGO団体だ。SPCAには悩みがあった。犬の里親探しがなかなかうまくいかないのだ。そこで調査を行ったところ、ニュージーランドではシェルターに集められた犬＝シェルタードッグは汚いし、頭も悪そうと人々に認識され、敬遠されているという結果が出た。したがって問い合わせも来ないし、マッチングに至らないという困った状況にあったのだ。

ちなみに自動車ブランドＭＩＮＩがこの団体のスポンサーをしているのだが、残念ながら、その事実もまったくといっていいほど知られていなかった。このままでは犬の里親は見つからないばかりか、スポンサーが撤退してしまうかもしれない。そういう危機感から、かなり思い切ったＰＲを行うことになった。

ＰＲ会社から提案されたのは、「シェルタードッグの犬が車の運転をしたら、みんなこの犬は賢いと思うんじゃない？」という、かなりクレイジーなアイデア。まるで、ゆるいブレストで出てきた案みたいだ。だけど、これくらいのパワーがないと世間の注目は集められないだろう。ＳＰＣＡはこのアイデアに乗った。

最初に行ったのは、ニュージーランドでも屈指の動物トレーニングのエキスパート４人と契約し、選抜された犬３匹に８週間、運転の技術を仕込んでもらうことだった。動物虐待にならないよう、プロにトレーニングを依頼したのだ。

実はニュージーランドは映画製作が盛んで、映画やＴＶに出演する動物をトレーニングする動物プロダクションの数が多い。さらに、スポンサーであるＭＩＮＩの車を犬用に改造。そして8週間に及ぶ特訓の様子をユーチューブで流した。「え！　犬が車の運転!?」。もちろん動画は話題となり、どんどんシェアされていった。

犬の運転トレーニング動画が拡散されるのに並行して、ＰＲ会社はニュージーランド・オーストラリア圏のテレビ番組に売り込みをかけていく。

そして運命の8週間後、ニュージーランドで人気のニュースワイドショーで運転の様子を中継することになったのだ。

かくて運転は大成功。放送後、シェルターの犬を引き取りたいという問い合わせが殺到し、たくさんいた犬たちは里親に引き取られていった。また、以前は芳しくなかったシェルタードッグへの認識が好転したうえ、ＭＩＮＩがスポンサーであるという事実の認知度も上がったのだ。

犬に車の運転をさせる。このアイデアがひらめいた瞬間、この「ドライビング・ドッグ」キャンペーンは成功したといっていいだろう。まずコンテンツとしてのインパクトが強烈だし、一所懸命トレーニングする犬に対する愛着も湧いてくる。

そしてこのプロジェクトの狙いが理解されれば、このPRの目的は達成されたも同然だ。たとえ運転があまりうまくいかなくても、「車の運転もできないなんて、やっぱりシェルタードッグは頭悪いのね」とはならないはずだ。

動画と分散型メディア

さて、「ばったり」の演出に大事なのは、どこで、どんな情報に出会ってもらうかだ。つまり、コンテンツのつくり方と流通のさせ方の双方が大事になる。

仮に、ばったり感のあるコンテンツを「ばったりコンテンツ」としよう。「ドライビング・ドッグ」の事例では、「何だか知らないけど犬がクルマを運転している動画」がばったりコンテンツということになる。この成功例が示すように、現時点で最強のばったりコンテンツのフォーマットは、やはり動画だ。そして、言わずもがなだが、ばったりコンテンツの主戦場はソーシャルメディア上になる。

動画コンテンツは大きく伸びている。2016年2月に行われた調査では、ユーチューブのスマホからの利用率は74・5%にも達する。米国、英国、ドイツ、韓国においても利用率は6～7割にもなるのだ（総務省「IoT時代における新たなICTへの各国ユーザーの意識の分析等に関する調査研究」）。

コンテンツフォーマットとしての動画のメリットはいろいろある。ビジュアル的なインパクトが大きいところ、ストーリーテリングができるところ、言語の壁を超えるポテンシャルがあるところ。どれも大事なポイントなのだが、ばったりコンテンツの観点から非常に重要なことがある。それは、**ソーシャルメディア上に「供給」されやすいフォーマットであるということ**だ。

同じ異性と出会うにしても、できれば結婚相談所ではなく普段の生活の中で出会いたい。街コンをはじめ婚活も多様化し価値観もだいぶ変わってきたけれど、まだまだそんな思いは根強い。それと同じことで、コンテンツのばったり感は、コンテンツ自体を「結婚相談所（特定メディアの中）」ではなく、「世の中（ソーシャルメディア）」に解放することで始まるのだ。

ここでポイントになってくるのが、**「分散型メディア」**という考え方だ。分散型メディアとは、自前のサイトにこだわらず、フェイスブックやツイッターなどのソーシャルメディアを流通チャネルとしてコンテンツを読者に届けようという発想としくみを持ったメディアだ。

2016年から日本にも進出したバズフィードがその代表格とされている。バズフィードのCEOであるジョナ・ペレッティは、「ソーシャルメディアには、情報のリンクではなくコンテンツそのものを流すべきだ」と明言している。ソーシャルメディアがここまで浸透した現在、これは非常に理にかなった考え方に思える。動画コンテンツとの相性がよいのも特徴だ。

これまでのデジタルメディアは、「どれだけ自前サイトに流入させるか、そして自前サイトのPVをあげるか」という発想だった。だから必死にSEO対策をしたし、ソーシャルメディアも当初は「客を引っ張ってくる新しい大通り」くらいの認識だった。

ところがいまや、その発想は逆転しようとしている。実際、バズフィードの自前サイトへの検索流入はわずか2%であり、逆にソーシャルメディアにおける月間CV（コンテンツビュー）は世界で70億ＣＶに達している。これが、分散型メディアが新しいメディアのかたちとして注目されている理由だ。

少々メディアの話に逸れてしまったが、要は、**コンテンツに「たどりつかせる」という、これまでの発想から、コンテンツが「出会いにいく」という発想にシフトしている**ということだ。こうした潮流は、「ばったり」の拡大につながっていくだろう。分散型メディアの台頭は、ばったりのフリークエンシー（頻度）を上げることになる。

自動車事故にあっても生存できる唯一の人類

もうひとつ、「ばったり」をうまく使った事例を紹介しよう。
あなたは、「自動車事故にあっても生存できる唯一の人類」である「グラハム（Graham）」をご存じだろうか？　巨大な頭部、頭部に埋まった耳、樽のような胴体……。まるでＳＦ

映画に出てくるキャラクターを思わせる風貌のグラハムは、オーストラリアのヴィクトリア州が交通事故撲滅キャンペーン「ミート・グラハム（MEET GRAHAM）」のためにつくった架空の人物だ。このグラハムの写真を偶然SNSで見かけたら、あなたはきっと一瞬ギョッとするだろう。

しかしグラハムは、わざわざグロテスクな印象を与えるためにつくられたのではない。オーストラリア・メルボルン大学の外傷外科医や、交通事故の専門家、メルボルンのアーティストらが、物理的な衝撃に弱い人体のパーツを強化して交通事故にあっても死なないような肉体があるとしたらどのような姿なのか？　とシミュレーションした結果なのだ。その姿は交通事故に関するビッグデータに基づいており、その構造は医学的、力学的見地から見ても正確に制作されている。

「交通安全」は、私たちの日常生活において繰り返し目にするPRだ。当たり前すぎて、たとえば車のドライバーをターゲティングして「安全運転をしましょう」というメッセージを送ったとしても、「ああ、はいはい」とスルーされてしまうだろう。あまりにもコモディティ化したメッセージは、広告テクノロジーがどんなに発達したところで、効果は薄いのだ。しかしグラハムの写真に思いがけなく出会ってしまったら？　今まで見たこともないグラハムの造形を通して、交通安全のメッセージに触れることになる。

グラハムは3Dグラフィックだけでなくオブジェも制作されており、しばらくビクトリア州立図書館に展示されていた。そこにはタブレットが用意されており、タブレットのカメラを通すとグラハムの骨格を見ることができる仕掛けになっている。たとえば頭蓋骨は衝突の際の脳への衝撃を和らげるために二重構造になっていたり、ふくらはぎのあたりの関節が追加されていて、事故が起きてもウサギのようにジャンプしてかわせるよう進化している様子がわかるのだ。詳しい各部位の様子などは、画像や動画でも公開されている。

これは逆説的に、交通事故の際に人体はどの部分が弱く、損傷を受けやすいのかを理解することにつながり、教育的効果も見込める。実際、グラハムが展示されている間に、学校の生徒たちが見学に訪れていたようだ。

私たちは何かを探しているとき、探していたものとは別の価値あるものを見つけるとそこに意味を見出す。「この情報にばったり出会ったのには意味がある」。これが偶然性の演出の極意だ。グラハムは「ばったり」の効果を上手に使った好例だろう。

ポケモンGOとランニングブーム
「リアルばったり」の積み重ねがつくるムーブメント

世界的な社会現象となった『ポケモンGO（Pokémon GO）』。2016年の7月にサービスが始まった米国では、その直後に2500万人のデイリーアクティブユーザーを獲得した。このムーブメントによって、米国では主に3つの社会的影響があったといわれている。

ひとつは「パブリックプレイスとローカルビジネス」の活性化。

米国でも公共施設や地元ビジネスの活性化はひとつの社会課題だったが、ポケモンGOによる集客効果は絶大だった。

2つめが「センスオブコミュニティ」の促進。アメリカ人は人見知りなどしないだろうと思うかもしれないが、現代の米国は、マイノリティなど多様性の問題を抱えている。とくに若い世代にとって、誰とでも「ハーイ!」と挨拶を交わすような風潮は、もはや希薄化している。

3つめに「フィットネス」の増大。活動量計「ジョウボーン」のユーザーを対象にした調査では、なんとポケモンGOのプレイヤーは平均より65・2%も多く歩いていた。日本でも似たような影響が報告されはじめている。

ここで気になるのが、果たしてそこにPRの仕掛けはあったのか? ということだ。米国的な、戦略的かつドカン! というPR大作戦があったのだろうか? なんて妄想がはたらくが、残念ながら答えはノーだ。

ポケモンGOのデビューにあたっては、開発元の米ナイアンティック社と株式会社ポケモンによって必要最低限のPR活動が行われたのみ。その後の社会現象は、ユーザーのクチコミと報道によってつくりだされた。

とはいえ、ばったりの要素はここにも寄与していると僕は考える。しかもそれは、動画コンテンツにソーシャルメディア上で出会うのとは違い、リアルな世の中でポケモンＧＯユーザーにばったり出会うという、いわば「リアルばったり」だ。

ＡＲ（拡張現実）とアウトドアの融合であるポケモンＧＯは、公園やストリートなどのリアル世界にユーザーを「出現」させた。それは非ユーザーにとっては、自らの生活導線上での「ばったり」であり、当該コンテンツとの出会いなのだ。そうした「目撃体験」が積み重なり、参加者が増える。それがさらなる目撃体験を生み、増幅していく。こうした広がりが社会的な同調行動のレベルにまで達したとき、それはブームやムーブメントとなる。「クチコミで広がった」といえばそれまでだけれど、その背後にはこうした構造がある。

リアルばったりの効果は、日本のランニングブームにも見てとれる。

いまや日本のランニング人口は１０００万人を突破。もともとあったマラソンブームに火をつけたのが、２００７年から始まった東京マラソンであるといわれている。抽選倍率は10倍、３万人のランナーと、１７０万人の観衆を動員する一大イベントだ。２０１２年には国民の９・７％が「１年間にジョギングかランニングをした」と答えている。

このムーブメントにも、僕はポケモンGOと同じような構造があると思う。ランナーというユーザーの可視化と、その目撃体験。

「皇居ランナー」という言葉も生まれたが、走っている人たちに自分の生活導線上でばったりと出会う体験は、「みんなやっているんだな」という空気をつくり、「オレも始めてみるかな」という態度変容を促す。

ばったりの要素は、ネット上のコンテンツだけの話ではない。リアルな世界に起こるさまざまなムーブメントにも関係しているのだ。

「ばったり」を使いこなす

偶然性を演出する第一歩は、とにかくコンテンツ企画にある。

たとえば動画なら、ノンフィクション要素を強めるのか、商品のメッセージはどこまで出すのか。そのコンテンツが世に放たれたときのことを想像してみるとよい。

コンテンツがソーシャルの海を泳いでいって、ターゲットの目に留まるかどうか。そのときその接触は「ばったり」に見えるか。担当者であるあなた自身が「ばったり」出会うくらいが理想だ。

これはもはやコンテンツが「広告」か「PR」かという話でもない。「受け入れられやすい」という意味においては、コンテンツマーケティングやネイティブアドの発想と密接だ。

逆にいえば、あなたの企画したコンテンツは、「ウザいストーカー」だと思われていないか。効率性だけ重視した出稿プランやメディアプランを「ばったりかストーカーか」という視点で見直してみることもお勧めする。

よかれと思って世に出したはずのコンテンツが、ブランドを毀損したり、購買行動を阻害したりしてはいないか。そのリスクを考えることは、実は重要なのだ。

「ばったり」のポイント

1. 情報洪水・行動ターゲティングの時代だからこそ、「ばったり（情報接触の偶然性）」が生活者の受容性を高める（ばったりエフェクト）
2. ソーシャルメディア×動画コンテンツ×分散型メディアが、ネット上での「ばったり」のフリークエンシー（頻度）を高める
3. リアル世界における「ばったり」（目撃体験）も重要。「みんなやっている」という同調効果を促す

この章で紹介した事例

- ニュージーランドのNGO団体SPCA「ドライビング・ドッグ」プロジェクト
  → 162ページ
- オーストラリアのヴィクトリア州 交通事故撲滅キャンペーン「ミート・グラハム（MEET GRAHAM）」
  → 168ページ

第6章

「おすみつき」の要素――「信頼性」の確保

多様化する「インフルエンサー」の影響力

将軍さまとインスタグラマー

江戸時代――やっと将軍さまの花押《かおう》をいただけたよ。これでウチの領土も当面は心配いらない。なにせお上の「おすみつき」だからね。

現代――やっと例のアクセをゲット。やっぱり超カワイイし間違いない選択。なにせインスタグラマーのYUちゃんの「おすみつき」だからね――。

時は変われども、人は「おすみつき」を求める。権威の存在や自己判断の限界は、近代社会以降どの時代にもあった普遍的なものなのだ。

「おすみつき」の由来はこの「花押（墨で書いた署名）」にある。「お墨付き」という証明書だったわけだ。ほぼ同義にあたる英語の「エンドースメント」も、もともとの語源は「小切手の裏書サイン」だから面白い。いずれにしても、**おすみつきとは、第三者の「支持」や「推薦」をもらうこと**だ。

そして、おすみつきを与えるのが**「インフルエンサー」**だ。「人々に影響を与える個人」などと訳される。将軍さまもインスタグラマーも、何らかのおすみつきを与える存在である限り、PRにおいてはインフルエンサーだということになる。

世界最大の化粧品会社ロレアルは、インフルエンサー15人と年間契約した「ロレアルリーグ」を2016年に立ち上げた。カリスマファッションブロガーのパリ・エーサンや元ミス・ユニバースのオリビア・カルポなどのメンバーは、ブランドのコンテンツ作成やSNSでの発信、イベントへの出席を年間を通じて行う。世界最高レベルで華やかな「おすみつき」だ。

本書の冒頭でも話したように、僕たちは情報があふれる時代を生きている。一方で、生活者ひとりひとりの価値観や嗜好はこれまでにないほど多様化している。こんな時代だから、誰もが誰かのおすみつきを求めている。生活者の情報選択や行動変容においてインフルエンサーが果たす役割は、ますます重要になってきている。

これが3つめの要素「おすみつき」だ。

ここ数年で、マーケティングにおける「インフルエンサー」という概念はずいぶん一般化したが、同時にずいぶん多様化も進んだ。さまざまな専門家やエキスパート。華やかなセレブリティ。そしてブロガー、ユーチューバー、インスタグラマーといったデジタルインフルエンサーの変遷は語りだせばキリがない。

この章では、戦略ＰＲの観点からインフルエンサーの役割を大きく２つ、**「事実のおすみつき」「共感のおすみつき」**に整理して話を進めよう。

サムスンと専門医が連携した自閉症児童治療支援アプリ

まずは、正統派「おすみつき」要素を駆使したサムスンの自閉症の子ども向けアプリ「LOOK AT ME」の事例を紹介しよう。これは２０１５年のスパイクスアジア（アジア最大級の広告祭）でグランプリに輝いたＰＲ事例だ。

アメリカ疾病予防管理センター（CDC）の調査によると、自閉症を抱える子どもは68人にひとり。言語発達の遅れや極度のこだわりという特徴のほか、周囲との交流が困難という症状がある。相手の気持ちを理解することが得意ではなく、あまり笑わない。そして、他者とアイコンタクトをとらない。それがたとえ母親であっても。

一方で、自閉症の子らはスマートフォンやタブレットなどのデジタルデバイスには非常に興味を示すという研究結果があるのだそうだ。

そこでサムスンは自社の技術力を駆使して、アイコンタクトをとりながら相手と会話をする術を身につける手助けをする、インタラクティブカメラアプリを開発した。このアプリ開発プロジェクトには韓国のソウル大附属病院や延世大学などから自閉症や心理学の分野のエキスパートが参画。できあがったアプリを使って20人の自閉症の子どもに対して8週の間、実験を行ったところ、被験者の60％にアイコンタクトの改善が、40％には感情表現の改善が見られたという。この実験結果はリリースとして発表もされた。

完成したアプリは最初、韓国とカナダで公開され、アンドロイドOSの教育カテゴリーでいきなり1位になってしまった。その後公開された英国や北米、ブラジルなどでも5位以内に入り、それ自体が大きく報道されたという。

この事例は、PRにとって大事なコネクティビティ、つまり第三者の巻き込みと「おすみつき」が非常にうまくいったといえる。

たとえば、このアプリをサムスンがほかのアプリと同じように自社のみで開発し「これは自閉症の改善に効果があるんですよ」と言って公開しても、PR的にはあまり成功しない。特にヘルスケアの分野では専門家を巻き込まないと、信頼を獲得できないからだ。

「LOOK AT ME」は、インフルエンサーでもある自閉症の専門医の「おすみつき」を得ながら、インタラクティブアプリというサービスをリリースした、非常に現代的なPR手法といえるだろう。

「事実のおすみつき」と「共感のおすみつき」

インフルエンサーが担うのは、第三者的なおすみつき＝推奨・支持行為だ。しかし、その役割をさらに分解していくと、大きく2つの領域に分かれる。「事実のおすみつき」と「共感のおすみつき」だ（表3・185ページ）。

「事実のおすみつき」とは、主に専門分野の実証や実行であることが多い。事実系インフルエンサーは主に特定領域の専門家やエキスパート。サムスンの事例における自閉症の専門家がまさにこれにあたる。平たくいえば、「あの人がやるのだから間違いがない」というおすみつきだ。

一方の**「共感のおすみつき」**は、心理的なフォロー効果を狙うものだ。「あの人が言うから心を動かされる」というおすみつきで、共感系インフルエンサーとしてはセレブリティやユーチューバー、最近ではインスタグラマーが相当するだろう。

このように、どちらかといえば、PRにおける事実系インフルエンサーは発信するコンテンツの信憑性を高め、共感系インフルエンサーは発信力そのものを高める。

もちろん、この2つはそれぞれが完全に独立した役割とも限らない。ひとりのインフルエンサーが、双方の役割を果たすことだってある。わかりやすい例でいえば、セレブ化した皮膚科の女性専門医（事実系インフルエンサーが共感系インフルエンサーも兼ねる）だったり、栄養学の専門性を身につけたママモデル（共感系インフルエンサーが事実系インフルエンサーも兼ねる）だったり、という具合だ。

次に触れておきたいのが、共感系インフルエンサーの影響力についてだ。ソーシャルメディアの進化に足並みを揃えるように、インフルエンサーも多様化してきた。ブログ、ツイッター、ユーチューブ、インスタグラムと発信メディアに準じた整理もできるにはできるが、現時点においては、それよりもインフルエンサーの「影響規模」で理解しておいたほうが実践的だろう。表4は、影響規模＝フォロワー数でインフルエンサーを区分けしたものだ。

「スーパーインフルエンサー」は、フォロワー数が100万人からそれ以上のクラス。たとえばインスタグラムのフォロワー数で見ると、歌手のセレーナ・ゴメス（およそ2億フォロワー）、女優のジェシカ・アルバ（およそ1900万フォロワー）、日本ではタレント

表3｜2つのインフルエンサー

事実系インフルエンサー	共感系インフルエンサー
「あの人がやるのだから間違いがない」	「あの人が言うから心を動かされる」
専門分野の実証や実行が狙い	心理的なフォロー効果が狙い
特定領域の専門家やエキスパート	セレブリティやユーチューバー、インスタグラマー

表4｜インフルエンサーの区分けとフォロワー数

スーパーインフルエンサー	▶フォロワー100万人以上
ミドルインフルエンサー	▶フォロワー数十万人
マイクロインフルエンサー	▶フォロワー数万人から10万人

の渡辺直美（およそ950万フォロワー）などだ。

「マイクロインフルエンサー」は、フォロワー数が数万から10万人のクラス。日本ではモデルの小沼瑞季（およそ11万4000フォロワー）、美容師の木村直人（およそ5万4000フォロワー）など相当数が該当する。

その間に存在するのが、フォロワーが数十万人クラスの**「ミドルインフルエンサー」**。日本では、お笑い芸人オリエンタルラジオの藤森慎吾（およそ73万フォロワー）、Webデザイナーの山崎佳（およそ48万フォロワー）などがいる。

もちろん、「影響力」というのは総合的なパワーだから、単純にそのフォロワー数だけで判断するのは本質ではない。取り上げるコンテンツの新鮮さや分野などによって、その規模が活きてくるかどうかは変わってくる。

とはいえ、フォロワー数に代わる一次的な指標もないわけで、メディアの発行部数やリーチ数と同様に、まずもっての判断基準になることは間違いない。

30人のインフルエンサーを起用したユニクロの「UT Picks」

では次に、共感系インフルエンサーを活用した事例を紹介しよう。

ユニクロの「UT」といえば、同ブランドのTシャツラインナップとして抜群の知名度がある。しかし、ここ最近はそのクオリティの伝わり方に課題もあった。1200種類ものTシャツは、イラストや文字のみならずサイズや形まで細かくデザインされている。素材の品質も高いものだ。にもかかわらず、「どうせ全部同じ形だろう」「クオリティはそこそこだろう」というイメージが強い。

こうした消費者の誤解を払拭し、新しい関係を構築してUTカテゴリーの売り上げを伸ばすために、ユニクロはこれまでにないアプローチを模索していた。

そこで企画されたのが、**「UT Picks（ユーティーピックス）」**と名づけられた斬新なキャンペーンだ。キャッチコピーは「あの人が選ぶ、君のUT。」。

新キャンペーンのポイントは大きく2つだ。ひとつは、サブスクリプション（定期購読）モデルの導入。そしてもうひとつが、「ピッカー（Picker）」と呼ばれる、30人の共感系インフルエンサーの起用だ。

ユーザーは自分のお気に入りのピッカーを選ぶだけ。月額990円の定額制で、毎月1枚のTシャツが5ヶ月にわたって届く。このTシャツはピッカーが個々のセンスや視点で選んだもので、ユーザーは結果的にUTのデザイン性やクオリティの高さを知ることになるわけだ。

UTのブランド価値を壊さず「おすみつき」を最大化するため、ピッカーはさまざまな領域から慎重に集められた。お笑い芸人ピースの又吉直樹・綾部祐二やモデルの道端カレンなどの著名人は、ファンも多いうえに大きなPR効果も期待できる。ポップカルチャー系からは、ミュージシャンのシシド・カフカやDJキャシディなどが参加。ユーチューバーのはじめしゃちょーや作家のはあちゅうなど、ネットで高い影響力のあるピッカーも顔を揃えた。こうして、ファッション領域にとどまらない、バラエティに富んだインフルエンサー集団が形成された。

2016年4月、「UT Picks」がスタート。有名ピッカーもステージに登壇した発表会

資料4 | 「UT Picks」発表会の様子

には64メディアが訪れ、大きく報道された(資料4)。参画インフルエンサーの顔ぶれが反映され、報道はビジネス、エンタメ、ファッションと複数領域にわたった。

また同時に、ユニクロはデジタルコンテンツもリリース。内容は、ピッカーがTシャツを選んでいる様子をそれぞれ撮影したもので、30人分のムービーが用意された。キャンペーンが開始されると、ピッカーも個別に情報発信を始め、それにフォロワーやファンも反応し、クチコミが拡散していった。

ピッカーのひとり、シシド・カフカさんは、発表会当日に「本日はUT Picks

の記者発表でした。ピッカーとなりTシャツを選んでおりますよー　詳しくはHPで是非」と投稿。３０００件以上の「いいね！」がつき、フォロワーからは「カフカさんのセレクトなら購入します！」「すごく面白い企画ですねー」などと大きな反響を得た。

実際にTシャツが届きはじめると、そこにはあるサプライズも。Tシャツは専用パッケージで送られてくるが、ピッカーからのサイン入り手紙とともに届くのだ。これは狙いどおりに購入者のSNS投稿を促し、購入者層からの二次的発信を最大化した。

キャンペーンの話題性は十分で、報道は数百件の記事にわたり、ピッカーからの投稿も断続的に生まれることで、それらに対するリアクションが続いていった。「UT Picks」は評判となり、たった2週間で売り切れてしまうピッカーも現れた。事後調査によると、多くの新規ユーザーの獲得に成功。ユニクロはインフルエンサーの「おすみつき」パワーをうまく活用することで、新しい顧客との関係をつくることに成功した。

マイクロインフルエンサーの時代？

2016年5月。プロのマーケターで2500人のフォロワーを抱えるケリー・フォックスは、スパークリングウォーターブランド「ラクロア（LaCroix）」の缶の写真を数枚投稿してブランドのタグをつけた。彼のもとにはほどなく、数ケース分の引換券がラクロワから送られてきた。

競争が激しい炭酸水市場でラクロワが好調な背景には、マイクロインフルエンサーにフォーカスした戦略があった。競合のネスレやペプシがマス広告を打つのを尻目に、インスタグラムを中心にミレニアル世代に照準をしぼり、2015年の8ヶ月だけでベースユーザーが4000人から4万人にまで拡大した。

ラクロアのように、マイクロインフルエンサーとの関係を重視するブランドが登場しはじめている。なぜか？　一言でいえば、その**「影響効率」**だ。

インフルエンサープラットフォーム運営のMarkerly（マーカリー）の調査によると、インフルエンサーのフォロワー数とエンゲージメント率は必ずしも比例しないことがわかった。それどころか、フォロワー数が増えるにつれエンゲージメント率は減少するという結果になった。インスタグラムの投稿に対する「いいね！」の割合は、フォロワー1000

人未満で8%。それが1000〜1万人では4%と減り続け、100万人以上のスーパーインフルエンサーではわずか1・7%となった。

ユーチューバーでも、同じような報告がされている。マイクロ・ユーチューバーは、ミドル／スター・ユーチューバーと比較して、1チャネル登録者あたりの「コメント率」「高評価率」が高い。つまり、**スーパーインフルエンサーひとりの発信よりも、マイクロインフルエンサー複数による投稿のほうが影響力は最大になり、ROI（投資対効果）も良い**という判断だ。

これには、うなずける部分もある。ひとつには、100万人の規模となると、発信された話題や分野によって、反応する人たちが都度変わってくるだろうということだ。

もちろん、100万人を抱えるファッションカリスマの場合、ど真ん中のファッションネタにはほとんどのフォロワーが反応するだろう。だが、食事や旅行ならどうか。フレンチか居酒屋か、ハワイ旅行かアフリカ旅行かでも、「反応のブレ」は出てくるはずだ。

もうひとつには、心理的な側面もあるだろう。みなさんも、既にたくさんの「いいね！」がつきまくっている投稿をスルーした経験はないだろうか。投稿内容には共感していても、

「自分が『いいね！』したところで別に関係ないし」という心理がはたらく。

　これは、社会心理学で言うところの「傍観者効果（bystander effect）」に関係しているかもしれない。たとえば、あなたが運悪く駅で転んでしまい、したたか腰を打ちつけて、しばらく起き上がれない。まわりにたくさんの人が行き交っているときと、たまたまひとりしかいなかったとき、どちらの状況であなたは助けられやすいのか。

　常識的に考えれば人が多いほうが良さそうだが、答えは逆で、周囲の人（傍観者）が多いほどあなたは助けてもらえない。これはアメリカの心理学者ラタネとダーリーの実験によっても実証されている。


　いずれにせよ、インフルエンサーの活用も目的次第。マイクロインフルエンサーの有効性検証にはまだ時間もかかるだろうけれど、「フォロワーが多ければ多いほどいい！」というのは、いわばマス広告的な発想だ。

　PRが重視するのは、ビヘイビアチェンジを促すだけの影響が及ぼせるかどうか。マイクロインフルエンサーへの注目は、そうした意味においては、多様な「おすみつき」を理解することにつながるだろう。

ブラジルの化粧品メーカーがタトゥーアーティストと仕事をする理由

次に紹介するのは、ブラジルの日焼け止め用品ブランド「Sol de Janeiro（ソル・デ・ジャネイロ）」が2014年に実施した、インフルエンサーの設定が非常にユニークなPR施策だ。

太陽の光が燦々と降り注ぐブラジルでは、程よく健康的に日焼けしていることが美人の条件なのだそうだ。実際、男女関係なく日焼けが大好き。だが、ブラジルでは乳ガンと前立腺ガンを足した数よりも、皮膚ガンの患者数が多いのだという。これはビーチで日焼けに勤しんでいる若者でも例外ではない。事実、大変に由々しき状況なのだが、どうやら皮膚ガンはお年寄りの病気だと思われており、当事者である肝心の若者は聞く耳を持たないのだ。

そこで、この日焼け止め用品ブランドは、若い人への皮膚ガンの啓発と自らのブランドイメージのアップを目的として、あるインフルエンサーに目をつけた。なんと、タトゥーアーティストに協力を仰いだのだ。

なぜならブラジルではタトゥーはタブー視されておらず、タトゥーを入れることはむしろ日常。若者が憧れているようなタトゥーアーティストもたくさん存在している。日焼けとタトゥーというダブルパンチでどう考えても肌への負担が大きい若者相手でも、タトゥーアーティストを味方に引き入れることで、皮膚ガンの啓発が進むと考えたのだ。ここに、この施策のクリエイティブジャンプがある。

実際には、人気のあるタトゥーアーティスト450人を集めて皮膚科医による初期皮膚ガンの兆候を見分けるレクチャーを受けてもらい、研修終了後には皮膚ガンの初期診断ができるタトゥーアーティストとしての認定証を発行。皮膚ガンの早期発見の一翼を担ってもらった。タトゥーアーティストの1日のクライアントは通常6人ほど。単純に計算すると、1週間で1万9800人の肌を診断していることになる。

実際、タトゥーアーティストのアドバイスで皮膚科を受診し、治療を始めた若者が現れているといい、メディアにも大きく取り上げられたのだ。

このPR施策の場合、普通だったら皮膚科医とガンの専門家を事実系インフルエンサーとして据えるのが王道だろう。けれど、ターゲットとなる若者へのインフルエンス（影響）を考えたときに、皮膚科医が啓蒙するだけでは若者の耳には届かない。そこで、若者に近いところにいて、日々彼らの肌に触れているタトゥーアーティストに認定証を発行して「おすみつき」を与え、インフルエンサーとして「仕立て」るという二重構造にしたのだ。

ターゲットにもっとも効くインフルエンサーは誰か。発想の転換力を求められる応用「おすみつき」事例といえるだろう。

インフルエンサー活用のクリエイティビティ

ブラジルの事例におけるタトゥーアーティストの起用は、とてもクリエイティブな発想だ。皮膚ガン啓発の話になったとたんに、誰もが考えるインフルエンサーは「皮膚科医」、つまり「事実系インフルエンサー」である。ヘルスケアの領域は特に、専門家や学者に頼らざるを得ない。彼らしか、おすみつきを与えられないからだ。世の中のほぼすべての疾患啓発PRは、ドクターの介在なしには成立しない。

だが一方で、ブラジルの若者は皮膚科医の声に耳を傾けない。そこで、「共感系インフルエンサー」としてのタトゥーアーティストの出番となる。

このアイデアが秀逸なのは、単純に若者に人気のあるインフルエンサーに逃げなかったことだ。たとえば人気セレブに「みんな！　皮膚ガンの初期検診にいきましょう！」なんて言わせなかった（日本では、残念なことにこのパターンが多い）。

タトゥーアーティストという、若者に身近で共感も得られ、かつ「皮膚のこと」にも関係しているという、事実系と共感系の「ハイブリッドな」インフルエンサーに目をつけたのだ。

僕は、インフルエンサーの起用こそ、もっともっとクリエイティブに発想すべきだと思っている。「疾患の啓発だからドクター」「ファッションのPRだからモデル」「テック系の新商品だからテック系ブロガー」、それはそれでよい。しかし、インフルエンサーの起用や活用法にこそ、PRクリエイティブのチャンスはまだある。

憧れのインスタグラマーの正体は？
世界に衝撃を与えた啓発キャンペーン

写真や動画を投稿してシェアできるインスタグラムは今や私たちの生活にすっかり溶け込んでいる。オシャレで素敵な写真をアップして人気を集めるインスタグラマーは今や憧れの的。何万ものフォロワーを抱えるインスタグラマーはちょっとしたセレブでもある。当然、その影響力も大きい。

そのインスタグラムにかつて、ルイズ・ドラージュという25歳のフランス人インスタグラマーがいた。旅先やパーティでの華やかな写真とモデルのような抜群のスタイルでたちまち人々の憧れとなり、インスタグラムにデビューしてわずか2ヶ月で1万6000人ものフォロワーを獲得。「いいね！」の数は5万を超えた。その彼女の150回目の投稿が、物議を醸すことになる。

その短い動画はこんなテロップで始まる。――2ヶ月で彼女が投稿した写真や動画には5万を超える「いいね！」がつきました。でも彼女のフォロワーは、本当は何に「いいね！」をしたのか気づいていたのでしょうか？

続けて、それまでの彼女の投稿が次々に映し出される。いつもの投稿とは様子の違う動画に戸惑っていたフォロワーたちは、次第にあることに気づき始める。すべての投稿に「アルコール飲料」が写り込んでいることに。そう、彼女はアルコール依存症だったのだ。動画の最後はこんなコピーで締め括られる。

――身近にいる人の中毒は見過ごしやすい。

実はルイズ・ドラージュは、Addict AIDEというアルコール依存症患者支援に取り組む団体がつくり上げた架空のインスタグラマーで、一連の投稿は、啓発キャンペーンだったのだ。憧れのインスタグラマーが実はアルコール依存症（という設定）だったこと、フォロワーがそれに気づかず気軽に「いいね！」していたことに衝撃が走り、世界中のメディアでも報道されることになった。

このキャンペーンは、インスタグラマーという共感系インフルエンサーの影響力とフォロワーの心理を巧みに活用したものだ。いわば「おすみつき」の応用編のような事例だといえるだろう。

インフルエンサーの「発信文脈」

第1章で触れたPRと「ステマ」の問題だが、インフルエンサーとの協業も、ひとつ間違えば「ステマ」と見なされるリスクがある。留意するポイントはただひとつ、**「何に対**

して対価が発生しているのか」だ。インフルエンサーの発信そのものを「購入」し、それを意図的に公にしなかった場合、その活動をステマと呼ばれても仕方ないだろう。

さらにいえば、より重要なのは、インフルエンサーの**「発信文脈（コンテクスト）」**だ。普段から何を主張しているのか、何を広めようとしているのか、何の第一人者なのか。ここをお金で買っているかどうかだ。普段から主張していないことを主張してもらうのに対価が発生していたら、それは純然たる「広告起用」である。

よって、インフルエンサーの起用には、知名度やフォロワー数もさることながら、発信文脈の見極めも大事なのだ。たとえば、単に「XXX健康法を主張している」というのではなく、その理由や根拠やビジョンを理解する。「YYYの実現のために、ZZZという根拠をもって、XXX健康法を主張している」というように見ないといけない。ここを軽んじると、「XXX健康法を主張している専門家は、おおまかに3名います」という発見で終わってしまう。ところが多くの場合、主張している文脈はインフルエンサーによってビミョウに違っていたりする。

この発信文脈がこちらがPRする文脈に合っているかどうか。つくりたい空気は、インフルエンサーの発信文脈に齟齬がないものかどうか。これこそ「お金で買えない」最たるものだ。

「おすみつき」を使いこなす

信頼性を確保し、共感を醸成するのがインフルエンサーだ。この章では、現代的な分類の仕方や特性について主に解説してきたが、実際のPR実施でハードルとなるのは、その探し方やお付き合いの仕方だろう。なにせ相手は生身の人間だ。

探し方だが、まず全体を網羅するようなデータベースはあるようでない。共感系のインフルエンサーはキャスティングに近い動きになるので、所属プロダクションやエージェントが介在することが多い。事実系のインフルエンサーの場合は、実はネットで目星をつけるのがもっとも早い。身も蓋もないが、「そもそも探しだすのに苦労するような人はインフルエンサーではない」と考えよう。

インフルエンサーには、まず正式な「依頼書」を準備する。その際に重要なのが、**SOW（Scope of Work）＝業務委託範囲**だ。インフルエンサーに何をお願いするのかを明確にする。たとえば、「2ヶ月にわたって、取材対応本数が想定10件です」という具合だ。

また、インフルエンサーとのやりとりは営業交渉ではない。下手に出過ぎずにビジネスライクに対等に。そして最後に、インフルエンサーは「お金」で動くわけじゃない。これがもっとも重要だ。

「おすみつき」のポイント

1. 「おすみつき」とは第三者の「支持」や「推薦」。それを与えるのがインフルエンサー
2. 「事実系インフルエンサー」は専門分野の実証や実行、「共感系インフルエンサー」は心理的なフォロー効果を狙う
3. 影響を与えてはじめてインフルエンサーであり、その起用や活用法は自由に発想すべき

この章で紹介した事例

- サムスン「LOOK AT ME」(自閉症の子ども向けアプリ)
  → 180ページ
- ユニクロ「UT Picks」キャンペーン
  → 187ページ
- 「Sol de Janeiro」(ブラジルの日焼け止め用品ブランド)の皮膚ガン啓蒙キャンペーン
  → 194ページ
- アルコール依存症患者支援団体「Addict AIDE」による架空のインスタグラマーを使った啓発キャンペーン
  → 198ページ

第7章

「そもそも」の要素――「普遍性」の視座

「よくぞ言ってくれた」を引き出す本質的な価値転換

「そもそも」が変える空気

課長「今回の販促企画、やっぱりソーシャルメディア中心でいこう」
主任「LINEのアクティブユーザーって、いまどのくらいいるんだ？」
部員「いま影響力あるのはインスタグラマーですよ！」
主任「最近はソーシャル疲れもあるっていうから、どうなんだろうな」
課長「インスタってうちの商品イメージに合わないんじゃないか？」
新人「あの……」
課長「ん？　なんだ？」
新人「あの、そもそも目的は、売り上げの10％アップをどうはかるか、でしたよね？」
全員「……」

あなたの職場でも、このように会話が展開されているときに、誰かの「そもそもですね」

という言葉で急にその場の空気が変わる……そんなことはないだろうか？

物事の始まりや、問題の起きた理由などに立ち戻って論じること、いわば原点回帰だ。

それが的を射た「そもそも」であれば、会議参加者はみな「ハッ」となり、その場の「空気」が変わる。そしてその問題や課題に耳目が集まることになる。


これはＰＲも同じことだ。

第４章「おおやけ」でも話したように、戦略ＰＲの大きな特徴のひとつは社会性にある。

しかし、何でもかんでも話を大きくすればいいというものではない。

世の中にじっと目を凝らしてみよう。ひょっとしたら、みんなが忘れている原点や普遍的な何かが潜んでいるかもしれない。本当に大切なことがおざなりにされて、表面的なトレンドや議論が横行しているかもしれない。それをＰＲチャンスに変える。「よくぞ言ってくれた！」を引きだす大きな価値転換を起こすのだ。

それが４つめの要素「そもそも」だ。


さて、グダグダな会議室から、一気に世界レベルのＰＲの世界に飛びだそう。世界中に向けて壮大な「そもそも」を仕掛けて大きな話題になり、２０１５年のカンヌライオンズＰＲ部門のグランプリを受賞したキャンペーンだ。

世界が賞賛したＰＲの最高峰
「Always #LikeAGirl」キャンペーン

これから紹介するのは、ヘアケア製品や化粧品、衛生用品を扱っているＰ＆Ｇが、生理用品ブランドとして世界的に展開している「オールウェイズ（Always）」で行った「ライク・ア・ガール（Like a Girl）」というキャンペーンだ。

Ｐ＆Ｇは、社会における「女性らしさ」「女の子らしさ」というのが、実はこの社会の中で、本人の意思とは関係なく規定されていることに着目し、その「そもそも」を啓発するＰＲを展開したのだ。

キャンペーンとして具体的に行ったことは、とてもシンプル。いろいろな女の子、男の子にカメラの前に立ってもらい、監督の指示に従ってアクションをしてもらう動画をユーチューブに公開したというものだ。

最初に呼ばれたのは17、8歳のティーンエイジャーの女の子。監督は言う。「女の子らしく走ってみて」。すると女の子は、猫がじゃれつくような、なよなよと腰の定まらない、内股の、世間でいう「女の子っぽい」走り方をした。ちなみに男の子も一様に、自分の考える「女の子っぽい」、クネクネとした走り方をしてみせた。

次に7、8歳の小学校低学年くらいの女の子が呼ばれる。同じく監督は言う。「女の子らしく走ってみて」。するとどうだろう、女の子たちは背筋をピンと伸ばし、腕をしっかりと前後に振り上げ、陸上選手のように堂々と走るのだ。

他にも、「女の子のように戦ってみて」「ボールを投げてみて」という指示が続くのだが、ティーンエイジャーの女の子や男の子が、ふにゃふにゃと猫パンチをしてみたり、ボールを投げる動作を見せるのに対して、7、8歳の女の子は腰の入った強烈なパンチを繰り出したり、大きく腕を振りかぶってボールを投げる動作をする。

どうしてこんな違いが出てしまうのか。それは知らず知らずのうちに、社会が女の子らしくふるまうことを規定してしまうからではないか。P&Gのこの動画はネット上で一気に拡散し、TVニュースにも取り上げられるほど盛り上がった。

P&Gはなぜこのテーマを選んだのだろう。

動画に登場するティーンエイジャーの女の子は言う。「女の子は思春期に自信を失うんです」。つまり生理用品オールウェイズのターゲット層である初潮を迎えたばかりの女の子とその親に向けて、「女の子であることは恥ずかしくない」「堂々と自分らしくしていましょう」「P&Gはありのままの女性を手助けしますよ」というメッセージを送っているのである。

このテーマ設定は実に絶妙だ。社会の中で隠れていたり、長い時間の中で埋もれていたりして、誰かが言わないと気づかないような、普遍性のある社会問題を引っ張りあげ、ブランドPRにつなげているのだ。

そもそも女の子の走り方なんて、皆さんは日常生活で気に留めたことなどあるだろうか？　おそらく、国や人種を超えて「言われてみれば、そうだね」と初めて気がつく、でも普遍的な問題だろう。加えてこの動画は、とてもシンプルだけれど、走る、ボールを投げるなどのアクションの選び方がうまく、見せ方が秀逸だった。

「みんながそう思っていること」は意外に表面化していない

「Always #LikeAGirl」キャンペーンは、これまで思いもしなかったようなまったく新しい価値観を世の中に提示したのだろうか？　いや、そうじゃないと僕は思う。

世界には、このテーマにつながる実感、たとえば、

「女の子らしいって何だろう」
「わたし、いつ頃から女性らしさを意識してたのかな」
「みんなが女性らしくふるまうべきなのかな」

といった思いが無数に「点在」していたのではないだろうか。このキャンペーンのキモ

は、そういった点在する無数の思いを、大きな「そもそも」を打ちだすことで連結させ、たくさんの気づきを一気に起こしたことにある。いわば同時多発的な気づきの喚起だ。

ここで注目すべきは、**「みんながそう思っていること」は、案外、社会では表面化されていないことが多い**ということ。あるいは、「そういう時期」があるということだ。

みなさんも経験はないだろうか？　たとえば、今年あなたの部署に入社してきた新卒君。やる気はあるのだけれど、何かやり取りに違和感をおぼえる。新人なのに、ちょっとした上から目線を感じるときがある。いやいや、「イマドキの若い者は」的な偏見はよくない、きっと自分だけの思い込みだろう、と自分を諌める。

ところがあるきっかけで、なんてことはない、「みんながそう思っている」ことがわかる。あなたの部署のほぼ全員が、「アイツは意識が高すぎる。誰かが指導しなきゃいけない」とそれぞれに思っていたのだ。「なんだ、みんな思っていたのか、早く言ってよ（笑）」と皆それぞれが思いつつ、「あの新人を何とかしなきゃ」という問題意識は、あなたの部署内で確固としたものになる。これはひとつの合意形成のプロセスだ。

ＰＲの役割のひとつは、社会に何がしかの合意形成をもたらすこと。戦略ＰＲは、空気をつくることで、ある商品やブランドや企業に対する世の中のパーセプション（見え方）を変える。カンバセーション（語られ方）を変えていく。

問題はそれをどうやって起こすかだが、この章でいう「そもそも」、つまり「潜んだ普遍性」ともいえる視座がひとつのヒントになる。社会で明らかになり過ぎていることでもなく、かといって誰も思いつかないような斬新なことでもない。その間を突くのだ。

表面化しそうでしていない、潜在的に「みんながそう思っていること」を狙うのだ。そうそう簡単なことではないけれど、そこを突くことで一気に「空気」ができることがある。

もうちょっといえば、「そもそも」とは、前提条件自体を変えていくことでもある。会議室でも社会全体でも、これは同じことだ。そもそも的なメッセージは、人を原点に立ち戻らせ、そのうえで意思を統一させ、本来あるべき方向に向かわせる。そんなパワーを持っているのだ。

#この髪どうしてダメですか

P&Gのヘアケアブランド「パンテーン」は、「あなたらしい髪の美しさを通して、すべての人の前向きな一歩をサポートする」というブランドフィロソフィーを持つ。そして、このフィロソフィーを世の中に広めるために、2018年より「さあ、この髪でいこう。#HairWeGo」というブランドメッセージのもとに展開されたのが、「#この髪どうしてダメですか」キャンペーンだ。

地毛なのに黒染めを強要されたり、「地毛証明書」の提出を求められたりする、いわゆる「髪型校則」にアプローチした結果、有志によって、黒染め指導廃止を求める署名活動が発足した。結果的に約2万人の署名が集まり、東京都教育委員会が都立中学高校での黒染めの指導廃止を宣言するなど、社会的な行動変容を促すことに成功したのだ。

2017年、生まれつき茶髪の女子高生が、学校からの度重なる黒染め強要で精神的苦痛を受け、訴訟を起こした事件がニュースになった。しかしその後は社会的に髪型校則について見直されるアクションがないままになっていた。パンテーンはブランドフィロソフィーに基づきこの問題に着目し、この戦略PRを設計し実行したのだ。

このキャンペーンのユニークな点は、卒業生も含めた学生と先生の対話の場となっただけでなく、世間における髪型校則についてのアクションをパンテーンが回収する構造をつくりだしたこと。そして、髪型校則の問題を社会全体のアジェンダへと押し広げたことだ。それが冒頭で紹介した署名運動と、都立中学高校での黒染め指導の廃止宣言へとつながる。さらにテレビをはじめとして、さまざまなメディアでも大々的に取り上げられ、ドラマ『ブラック校則』(日本テレビ)の映画化も決定した。その結果、やや古いイメージとなっていたパンテーンへの消費者のパーセプションが変わり、イメージも売り上げも上がったのだ。

この事例は、先に紹介した「Always #LikeAGirl」と同じように、取り上げた社会問題はことさら目新しくはない。

しかし普遍的な問題を取り上げ、最終的にブランドフィロソフィーへと収斂させていく手法として秀逸ではないだろうか。

リバイバルブームはなぜ起こる？ 「写ルンです」が求められる周期

「リバイバルブーム」というものがある。その昔流行ったものが、なぜか急に復権する現象だ。

たとえば幼い頃に親しんだお菓子。オトナ向けを狙った明治の「大人のたけのこの里」「大人のきのこの山」がその火つけ役だといわれている。世界的にはアナログレコードもそうだろう。日本レコード協会によると、2015年のアナログディスク（アナログレコード）生産数は21億2000万円で、3年続けて20億円以上を維持している。

僕にとっては青春時代を思い出すなつかしいものばかりで、思わず遠い目になってしまうが、それもそのはず、音楽やファッション業界では、その周期はおよそ20年といわれている。

そんななかでも、いま大きなリバイバルとなっているのが、レンズ付きフィルムの「写ルンです」だ。

スマホやデジカメもなかった時代、旅行やデートに「写ルンです」は欠かせなかった。僕たちの世代なら、ドライブの途中にコンビニに立ち寄って購入したこともあるだろう。そんな「写ルンです」も今年で35周年。1986年に富士フイルムから発売され爆発的なヒットとなった。がしかし、その後はデジカメや携帯カメラに押され、レンズ付きフィルムの出荷は1997年の8960万本をピークに、2012年には430万本まで落ち込んだ。

これが最近、若者を中心に人気が再燃している。理由はそのアナログなシンプルさと手軽さだそうだ。いまどき、スマホでもじゅうぶん手軽に写真が撮れると思うのだが、若者の感性からすると、スマホのデジタル写真は「キレイ過ぎる」ということらしい。アナログな温かみとか、フィルム特有の粗さとかが支持されているのだ（いまでもレコードにこだわるオヤジのようでちょっとホッとしたりもする)。
もちろん現代的なのは、それがインスタグラムなどのSNSに投稿されシェアされて、ブームに拍車をかけているということだ。

これはある種、写真における「原点回帰」である。テクノロジーの進化は写真をデジタル化させ、画質を飛躍的に向上させ、撮影枚数の制限はなくなった。その申し子ともいえるデジタルネイティブ世代が、「写ルンです」に魅了されている。大切な友達や恋人との思い出だから、ちょっと味のある雰囲気の写真を、24枚とか36枚とかの枚数を大事に使って撮る。そもそも「写真」が持っている素敵な原点だ。
「リバイバル」は、キリスト教の、「信仰の原点に立ち返ろうとする運動」を語源としている。20年や30年の周期で起こるリバイバルブームは、周期的にやってくる「原点回帰」そのものなのだ。

ここで言いたいのは、「そもそも」(=普遍的な原点回帰)をPRで仕掛ける場合、この「周期」を見定める視点も欠かせないということだ。

前項で、「そもそも」には表面化していない「みんながそう思っていること」の発見が重要と話したけれど、その浮き沈みは、社会的な時間の経過とも関係がある。会社組織のような人の集まりが、大きくなるにつれサイロ化（分断孤立）が進み、その弊害が認識されると再び部門が統合されたりするのはよくある話だけれど、それとも似ているかもしれない。

ある種の価値観や考え方は、多様化し広がっているように見えて、その実、「浅く広がっているだけ」ということもままある。どこか本質が忘れられたまま、まるで海面に広がる油のように表面的な広がりを見せる。そこに浮かぶのは、サイロ化した無数の各論だ。「ちょっと待て。なんか深いところの話が置き去りじゃないか？」と、社会が気づきはじめる少しだけ前。それが「そもそも」を仕掛けるときだ。

「Always #LikeAGirl」キャンペーンも、世界的なジェンダーイコール（男女平等）議論が多様化してきた頃合いに登場した。

戦略ＰＲにとって重要なことのひとつは、世の中の「潮目」を読むこと。そういった意味では、この「原点回帰の周期」の見極めもまた、成否を分ける大きなポイントなのだ。

「そもそも」を使いこなす

PR戦略では、「何を世に問いたいのか?」という「メッセージ開発」が重要であり、そのパワーが成否を決めることもある。社会性を帯びるという意味では「おおやけ」ともかぶるが、**「おおやけ」がその時点での「社会的な横の広がり」だとしたら、「そもそも」は「縦の時間軸」**。時代の流れを見る視点だ。

「そもそも」は目のつけどころが勝負なので、「おおやけ」ほどPR主体自身が明確なソリューションである必要はないだろう。そういう意味では、特定商品のマーケティング目的のPRよりも、ブランド価値向上を主眼としたキャンペーンと相性がよいかもしれない。

最後に。「そもそも」の視点はリサーチでは出てこない。相当に潜在性が強いものだからだ。問題意識を持って、世の中をナナメから見て、ブレインストーミングを重ねるしかない。ＰＲの立案方法としては、レベルの高いものなのは間違いない。

「そもそも」のポイント

1. 世の中に大きな
「そもそも」＝普遍的な問いかけをすることで、
同時多発的な気づきを喚起する

2. 社会で表面化していない、
潜在的「みんながそう思っていること」を狙う

3. 「そもそも」は普遍的な原点回帰。
その「周期」を見極めてPRを仕掛ける

この章で紹介した事例

・P&G
「Always #LikeAGirl」キャンペーン
→ 208ページ

・パンテーン
「#この髪どうしてダメですか」キャンペーン
→ 214ページ

・富士フイルム「写ルンです」リバイバルブーム
→ 216ページ

第8章

「しみじみ」の要素――「当事者性」の醸成

「自分ゴト化」させ感情に訴えるストーリーテリング

「しみじみ」しないと人は動かない

「しみじみ」というのは、とても美しい日本語だ。ちなみに漢字にすると「染み染み」もしくは「沁み沁み」で、その意味は「心の底から深く感じるさま」。いかにもジワーッと心の中に染みわたっていく感覚が伝わってくる。

日本人なら、「しみじみ」と聞いただけでしみじみしてしまうほど、情感あふれる言葉だろう。演歌的な世界をイメージするかもしれない。

かように日本的な「しみじみ」だが、これが世界的なPRにとっても重要な要素になってきている、というのがこの章の趣旨だ。

しみじみの中身を要素分解してみよう。ひとつはまず**「感情」**だ。当然ながら、しみじみするのは理屈じゃない。深いレベルでのエモーションの介在が不可欠だ。ちなみに、しみじみのニュアンスに近い言葉に「感慨」があるが、これを英語で言うと「Deep

Emotion」だ。

そしてもうひとつが**「当事者性」**。感情が揺さぶられるだけでしみじみするかというと、これがそうとも限らない。重要なのは、「身に沁みる」という言葉が示すように、自分のこととして受け入れられるかどうか、つまり「自分ゴト」になっているかが、しみじみには求められる。

「しみじみしなけりゃ、人は動かない」とこの島国では言われてきた。まさに世界のＰＲの潮流も、**「感情に訴え、当事者意識を持たせる」ことがビヘイビアチェンジには欠かせない、**という認識にいたりつつある。

これが５つめの要素「しみじみ」だ。

「空気をつくる」という言葉が表すように、これまでＰＲは、世の中に大きな話題を喚起したり、大きなうねりを生みだしたりすることを本来得意分野としてきた。それはそれで今後も重要なのだけれど、いくら大きな話題になっても、動かしたい人が動かなければ意味はない。

さまざまな力学で人は動くものだが、でもやっぱり「しみじみ」しないとなかなか動かないよね、というのが現在の本質的な共通認識だろう。ではどうやって「しみじみ感」をつくるのか。そこにはいくつかのキーワードの存在がある。**「ストーリーテリング」「自己投影」「インサイト」**だ。最新の事例を交えながら、進めていこう。

フィリップスが結成した呼吸器疾患患者のコーラス隊

まず紹介するのは、電気機器メーカーのフィリップスが米国で行い、2016年のカンヌライオンズのファーマ部門でグランプリを受賞した「Breathless Choir」（息のできない合唱団）というPR事例だ。

フィリップスというと、電気カミソリなどのヘルスケア家電やコーヒーメーカーを真っ先に思い起こす人が多いだろう。しかし、実のところ同社は、照明機器や映像・音響、医療機器など、さまざまな分野の電気機器を製造販売する多国籍企業だ。そのような企業が何をPRするのかというと、ずばり、ブランドイメージである。

フィリップスはブランドプロミスとして「innovation and you」を掲げている。つまり、革新的な技術力で人々の暮らしを良くする会社ですよ、と世に知らしめてイメージアップをはかりたいのだ。この事例では特に、携帯用酸素ボンベ「Philips SimplyGo」のブランディングを目的としている。

ある日、ジェームス・ブラウンやスティーヴィー・ワンダーといったスターを輩出してきたニューヨークの伝統あるクラブ「アポロシアター」で、風変わりな合唱団のコンサートが開かれた。なんと合唱団が結成されたのはコンサートの5日前、しかも全員が一般人だという。

さらにメンバーには、歌を歌うには大きな障害となる問題があった。実は全員が肺や気管、呼吸器などに疾患や障害を抱えていたのだ。

動画は5日前から始まる。何も知らされずにコーラス練習場に集められたメンバーの前に颯爽と現れたのは、英国王立音楽院出身の合唱指揮者ギャレス・マローン氏。

実はこのマローン氏、英国では有名人で、英国の人気ドキュメンタリー番組「Choir《クワイア》」に出演している。この番組は、貧困地域の人々や軍人の家族たちを訪ねて合唱団を結成し、歌を通して地域や家族の絆を深めていくというものだが、カリスマ指揮者マローン氏の手にかかると、それまで人前で歌を歌ったことのない人々が素晴らしい歌声を披露できるようになるというのだ。

18名のメンバーはそれぞれマローン氏に自己紹介を始める。「片方の肺が潰れています」「ぜんそくと自己免疫疾患です」。なかには、CF症という先天性の難病を患って肺機能が低下し、呼吸補助機器が手放せない女性や、2001年に起こったアメリカ同時多発テロの際に救急隊員として現場に向かい、現場で高熱に襲われ、肺機能の3分の1を失った男性などもいた。メンバーは、いままで歌が好きだったのに、さまざまな事情で歌うことをあきらめた人々だったのだ。

「歌うための呼吸には、準備運動が必要です。では始めましょう」。マローン氏に倣って発声練習を始めるメンバーだが、当然ながら最初はボロボロ。とても歌を歌うという状態ではなかった。なお、課題曲は米国人なら誰でも知っている80年代の名曲、ポリスの「Every breath you take（邦題：見つめていたい）」だ。

ちなみに、フィリップスはこの合唱団の企画者という立場。集められたメンバーは同社の医療機器を使用している患者であり、マローン氏を起用して米国へ招聘したのもフィリップスというわけだ。

初日練習のあまりのひどさに不安を抱えるメンバーだったが、2日、3日と練習を続けるとみるみる変化を遂げる。そして、ついにはこう言わせる。「肺に入れた空気を全部一気に出しきらないことを学びました」、「私たちは彼を音楽家だと思っていたがそれは間違いだった。彼の本当の職業はマジシャンだったのです」。歌が上手くなるとともに顔が輝きはじめるメンバーたち。

そして5日目、コンサート当日。「Breathless Choir」のメンバーは堂々と「Every breath you take」を歌いあげ、会場いっぱいに響く拍手の嵐に笑顔で応えたのだ。

動画の最後は次のメッセージで締め括られる。「There's always a way to make life better」（人生がもっと素晴らしくなる方法はいつもここにある）。

この事例の素晴らしいところは、呼吸補助機器のサポートが必要な人々がいるという事実を元に、呼吸器に問題を抱える人々を集めて合唱団を結成し、カリスマ指揮者によって彼らが徐々に成長して最終的にコンサートを成功させることで、フィリップスは医療機器を開発してサポートするだけでなく、その人に夢や勇気を提供するというストーリーをつくりあげ、さらに「しみじみ」要素をうまく盛り込んだところにある。

そもそも、登場人物が日々成長していく姿を映しだすドキュメンタリー形式の映像は、見る人に当事者意識を芽生えさせやすい。さらにメンバーは、喘息など比較的身の回りにいる患者だけでなく、アメリカ同時多発テロが原因で肺機能を失った救急隊員など米国人にとって感情に訴える人選。誰もが知っている、コンサート会場となったアポロシアターも琴線に触れるだろう。もっといえば、課題曲に「Every breath you take」を選んだのも心憎い。題名に〝breath〟が入っていて企画趣旨と関連があるうえに、80年代に青春を過ごした40代、50代の人だったらグッとくるのではないだろうか。

よくよく映像を見ると、コンサート中にさりげなく「Philips SimplyGo」の呼吸補助機器が映っていて商品アピールもしているのだが、全体的に押しつけがましさはなく、あくまで合唱団のメンバーがよりよい生活をするための〝手助けをしている〟という立てつけなのだ。

この動画はCOPD（慢性閉塞性肺疾患）デーに配信され、世界で1500万ビュー、さらに共有した人が20％にものぼった。動画を見た5人に1人がシェアしたことになる。

このPRはフィリップスブランドのパーセプションを変えるキャンペーンの一部。電機メーカーというトラディショナルイメージから、テクノロジーの力でイノベーションを起こす企業であるというブランディングに寄与した事例といえる。

「物語」が最強である
ストーリーテリングの時代

「ストーリーテリング」の時代だといわれている。情報の洪水、商品のコモディティ化、生活者の多様化、企業への不信感の増大といった、消費社会とビジネス社会のパラダイムシフトを受けて、「伝え方」の方法論も大きな転換期に入ろうとしている。ストーリーテリングとは、文字どおり「物語を語る」技術だ。

これを読んでいる皆さんには、子どもに絵本の読み聞かせをしている人もいるのではないだろうか。そのなかには、自分が幼いときに親に読んでもらったお話もあるかもしれない。そして、その内容をけっこう覚えていることに驚かないだろうか？　そう、それが物語のパワーだ。

ほかにも数多くの情報に触れていたはずなのに、それらはすっかり忘れてしまっていて、覚えているのは物語。子どもながらに、それが「しみじみ体験」だったということだ。世界でもっとも読まれたベストセラーはいわずもがな『聖書』だが、これもストーリー（ちなみに3位は『ハリー・ポッター』）。何らかの情報を広く伝えたいとき、ストーリーテリングは最強の方法だといえるだろう。

ストーリーテリングの方法論も、ＰＲ同様に米国で発達した。

米国という国は、その成り立ちと多様性から、「何かを伝える技術」を体系化することが本当に得意だ。ストーリーテリングの発想も、社会のすみずみに浸透している。

たとえば小学校の授業。先生が何でもない一枚の絵——たとえばリンゴの絵——を見せて言う。「さあ、このリンゴで何かお話をつくってみましょう」。先生のむちゃぶり芸とも思えるが（笑）、日本ではあまり見られない課題だ。

そうかと思えば、刑務所で犯罪者にストーリーテリングを伝授するＮＰＯ（！）も存在する。出所した後に社会と対話する術を教え、更正に役立てようというわけだ。世界中を魅了し続けるハリウッドのみならず、まさに「国家総ストーリー生産」をやってのけているのが米国だ。

当然ながら、企業のストーリーテリング導入も進む。GE、マイクロソフト、スターバックス、インテルなど、米国を代表するグローバル企業がこぞって実践しはじめた。こうした企業導入をコンサルティングするストーリーテリングの専門会社も存在する。

僕は少し前に、来日したこのコンサル会社のマネジメントと共同で、ある巨大日本企業の広報部門に「ストーリーテリング研修」を数回にわたって実施した。広報活動にいかにストーリーの要素を導入するかが目的だったが、多くの広報担当者は、プレスリリースや記者発表といった従来の広報の概念にしばられて、「物語性」を意識するという発想にはすぐにマインドチェンジできない印象だった。

研修の内容をここで詳しく書くわけにはいかないが、ストーリーテリング発想のさまざまな事例が紹介された。

たとえば石油会社の危機管理広報。タンカー事故で重油が海に広がってしまったとき、本社重役のコメントではなく現場責任者の姿を積極的に伝えることで、真摯に対応している姿勢と進捗がストーリーとして伝わる。あるいは自動車メーカーの新車発表。最新の安全装備が売りなのだが、それをスペックとして伝えるのではなく、免許をとったばかりの娘がいる家族のストーリーとして伝える。いずれにしても、**情報を物語化して伝えることで、しみじみ感は一気に増す。**

このように、ストーリーテリングで伝達力が高まることは疑いようもないが、さらに重要なポイントがある。それは、**ストーリーへ「自己投影」させる**ということだ。

自己投影とナラティブアプローチ

「描かれているのは動物世界の物語ではあるけれど、現代の観客が自己投影できるような物語でなければならない」と、2016年にヒットしたディズニー映画『ズートピア』のバイロン・ハワード監督は言う。

同じバイロン監督の『塔の上のラプンツェル』しかり、2014年に世界的ヒットを記録した『アナと雪の女王』しかり、ディズニー映画は古典的なストーリーテリングをベースに現代的な要素を取り入れ、観客に「自己投影」させるのが抜群にうまい。それがヒットの秘密といってもいいだろう。

企業や商品のコミュニケーションを考えるにも、とにかくストーリー、すなわちお話ふうにすればよいというものでもない。**ストーリーが活きてくるかどうかは、受け手の「自己投影」に大きくかかっている**のだ。

「ナラティブアプローチ」という言葉はご存じだろうか？　心理療法や教育、ビデオゲームの世界などでここ最近注目されている考え方だ。「ナラティブ」は「ストーリー（物語）」にかなり近い意味を持つ言葉だが、「ナレーター」の語源でもあって、より「語り口」「話術」のニュアンスが強いかもしれない。企業広報の領域でストーリーテリングが叫ばれているのと同じような背景で、究極的には患者や生徒やプレイヤーの「没入感」をあげるための技術だといえる。

あえてわかりやすく言えば、何でも無味乾燥に説明されるより、ゲームの「ドラクエ」っぽく聞けたほうが身になるよね、という話だ。ドラゴンクエスト（に代表されるＲＰＧ）

はまさに主人公へ自己投影ができるデザインが画期的だったわけで、それがゲーム世界への没入を可能にした。

ナラティブアプローチの実証や応用は各分野で進んでいる。一橋大学大学院の山本秀男教授（当時）らは、ナラティブアプローチを応用した模擬授業を行った。一般的な教科書ではなく、マンガを活用するなどして、「学習者を物語に引き込む」授業を行ったところ、受講者全員の理解度が深まったという。

教育にせよ娯楽にせよPRにせよ、相手は生身の人だ。何かを伝え、そこに没入してもらう。しみじみして行動が変わる——これらが共通した期待値である以上、「自己投影」要素が重要なのは間違いない。

ワークブーツの老舗レッド・ウィングの「#LABORDAYON」キャンペーン

２０２１年8月現在、コロナ禍はいまだ世界中で猛威をふるっている。このパンデミックの影響で米国ではここ数年で最も高い失業率に直面、失業者の数は２５００万人に上る。米国では、９月の第一月曜日は労働者を賛えるレイバー・デー（Labor Day）と定められ、店舗では毎年大々的なセールが行われるのだが、労働者にとってはセールのディスカウント以上に、〝仕事〟が必要なのは自明だろう。

１９０５年創業のレザーシューズブランド「レッド・ウィング」は、米国の労働者のサポートに長年関わってきたワークブーツの老舗だ。同社はパンデミックによる労働者の苦境を助けるために、失業率を軽減するための行動を起こす。「#LABORDAYON」キャンペーンだ。キャンペーン開始は２０２０年のレイバー・デー。レッド・ウィングはワークブーツの割引を宣伝する代わりに、同社の小売店、カスタマーサービスライン、ウェブサイト、ソーシャルメディア、動画などあらゆるタッチポイントを使って、同社のすべての職種の求人をすることを宣言する。つまり〝仕事〟を提供したのだ。

しかしレッド・ウィング一社だけで２５００万人もの雇用を創出することは不可能だ。

そこで同社は他のブランドにもハッシュタグ「#LaborDayOn」を使って求人の投稿をするように呼びかけ、ソーシャルチャンネル間で簡単に共有できるダウンロード可能なグラフィックのセットも展開した。

#LaborDayOnキャンペーンが始まると、220ものブランドがこのプランに賛同。競合企業であるシューズメーカー「ニュー・バランス」も参加し、全国のSNSのフィードがあらゆる業界にまたがる企業からの求人掲示板に変わった。レッド・ウィング店舗には靴の代わりにパソコンが置かれ、さながら職業安定所のようになり、仕事を求めて並ぶ人々の様子はニュースでも取り上げられた。米国のセレブもこの施策に賛同し参加したようだ。

結果、レッド・ウィングの店舗とウェブページの訪問者は目標を上回る約20万人を突破。レッド・ウィングの売上高は前年比35%増加し、レッド・ウィングの求人への応募は前年比で29%増加となった。

この事例は、レイバー・デーにそれまでの慣習を踏襲したセールを行うのではなく、時節に即して、人々に〝今〟必要な求人キャンペーンを行ったこと、そして多くのブランドを巻き込んだことが成功の秘訣だろう。

またそれを、1世紀もの間ずっと米国の労働者のサポートを行っていたブランドが行ったということが非常にナラティブ（物語）的であり、しみじみとした共感を生んだのだ。

「N＝1」のパワー

ここでもう一度、PRの基本の話に戻ろう。

まずPRは「ファクトベース」。事実や実証がまずありきで、コミュニケーションを設計する。ファクトがなければ、伝えたいことから逆算してリサーチを行う。いわゆる「調査PR」「実験PR」と呼ばれる手法だ。そして「クレディビリティ（信頼性）」。PRにとって信頼性の担保は最重要であり、その役割を期待されることが多い。これらは第4章「おおやけ」や第6章「おすみつき」でも話したことだ。

そうして、リサーチや実験の対象者（N）は多ければ多いほどよし、とされてきた。「N

＝10」より「N＝100」、「N＝100」より「N＝1000」というわけだ。

さらに、ここには2つの意味があって、ひとつにはそもそも当該実験やリサーチを有意なものとして成立させるために必要なN数、いわゆる母数である。これは医師や学者など、監修する事実系インフルエンサーの専門的判断で決定される。もうひとつが、メディアの判断基準だ。報道の一次素材として資するかどうか、つまり不特定多数のマスを代表しうるN数になっているかという視点だ。PR情報となるリサーチを成立させないといけないが、それが報道されなければ意味がない。しかも予算は限られている。ここに頭を悩ませているPRパーソンは少なくないだろう。僕の経験上では、実験系はN＝30からN＝100くらい、意識調査系はN＝500からN＝1000くらいが「代表性がある」というN数レベルだろう。

しかし一方で、「N数」が増えるほど失われるものがある。それは被験者の「顔」であり「ストーリー」だ。1000人の結果には代表性と信頼性があり、大手新聞も取り上げる。しかしそこに「しみじみ感」や当事者性を感じることはそうそうない。

レッド・ウィングの事例でも、まずは「失業者の数が2500万人」という数字に目がいく。そこには、社会的な事態の深刻度が表されている。しかし、このキャンペーンの真髄は、その数字そのものではない。失業者ひとりひとりの「顔」とそれぞれが背負っているであろうストーリー――つまり「N＝1」が想起させるしみじみ感である。

本来PRの最終目的は、「マスコミを動かす」ことではなく「人を動かす」ことのはず。「N＝1」で人が動くなら、それで目的達成なのである。

誤解のないように言っておくが、すべて「N＝1」にせよということではもちろんない。大事なことは、「N数は多くなきゃ」という従来発想から抜けだすことだ。

もっといえば、**「おすみつき」の担保と「しみじみ」の醸成は、目的意識が違う。**ひとつのPRストーリーをベースにしながら、リサーチや実験結果の「料理の仕方」や「見せ方」を変えていく。そんな戦略発想が、ますます重要になるだろう。

インサイトとは「生活者の（潜在的な）本音」

最後にお伝えしたいのが、しみじみを引き出す生活者の「インサイト」についてだ。

インサイトはそのまま訳すと「洞察」だが、広告やマーケティングの領域においては「生活者の（潜在的な）本音」のように解釈されることが多い。ここ数年で、いかなる商品やブランドの訴求においても生活者のインサイトをとらえることが重要という考え方は主流になりつつある。いくつか事例を紹介しよう。

マウスウォッシュブランドの「リステリン」は、2017年1月からネット動画「なんで!?」を期間限定で公開した。ムービーは男女のデートストーリー。女優の筧美和子が演じる女性とその上司が駆け引きを繰り広げる。ムービーは、彼女の家まで送っていき「今夜はいける」と思った男性がなぜか最後に拒絶されてしまう男性目線の「問題提起編」と、その種明かしとなる女性目線の「回答編」の2つから成り立つ。

「やっぱり無理」と女性が思った原因は男性の「口臭」でした、というのがそのオチなのだが、このムービーは非常に男性消費者のインサイトをとらえている。

「口臭ケアに関心はないけれど、女性を口説くときに失敗はしたくない」というのがそれだ。自分の口臭（あるいはそのリスク）に気づいていない男性に、どれだけリステリンがその効果を謳ったところで「しみじみ」しない。しかし、うまくいきかけた女性の家まで行って撃沈するストーリーから入り、その謎を提示。実は原因は「口臭」だったという展開は、多くの男性にリステリンを「自分ゴト化」させるパワーを持っている。


前出のおむつの事例でも、インサイトが活かされた成功キャンペーンがある。「10時間連続吸収できる」が商品の特徴であり、この10時間吸収が「赤ちゃんの睡眠の質」につながるということをお母さんたちに伝え、ブランドの選択と購入につなげるのが目的だった。しかし調査をすると、「寝てくれないことには関心はある。しかし寝てさえくれれば、睡眠の質にまではこだわらない」という声が多い。「睡眠の質向上」だけでは購入につながらないことがわかった。

さらにお母さんの日々の行動を聞いていくと、公園などで他のお母さんと会話をする際に、ハイハイや立ち上がりなどはけっこう微妙な内容だという。当然ながら発育には個人差があるものの、同じ月齢で自分の子より他の子の成長が早いと不安になるし、逆もしかりだ。ここから、「赤ちゃんはみんな平等に可愛いけど、本当は自分の赤ちゃんは他の子より優秀に育ってほしい」というお母さんのインサイトが導きだされた。

そこで新たに、「脳育眠」というキーワードが開発された。「質の高い眠りで赤ちゃんの脳の成長を育むことが『脳育眠』です。お母さんは、赤ちゃんの睡眠リズムを守り、睡眠の邪魔をしないことが大事。おむつも長時間さらさらなものを選びましょう」というストーリーが設計され、それをもとにPRを展開。お母さんの購入意向は9割を超え、シェア向上に貢献した。

このように、人がしみじみする理由は、その人が持っている潜在的な本音（インサイト）と密接であることが多い。表面的な感動ストーリーだけで人が動かないのは、インサイトが欠落しているからだ。ストーリーを「他人ゴト」にさせず当事者意識を付与するには、インサイトの探求と発掘が重要になってくる。

「しみじみ」を使いこなす

当事者性を醸成する「しみじみ」は、PRのメッセージやテーマ開発そのものではなく、PR活動の「見せ方」に関係する。「感情を動かす」というと、どちらかといえば広告の得意分野で、PRはどちらかといえば地道なファクトづくり、という先入観もあった。感情より理屈、右脳より左脳というわけだ。

しかし、状況は変化している。まず、ソーシャルメディア上で流通する情報。ソーシャルに相性が良いのは、ストーリー性の高いものや感情に訴えるものだ。こうしたコンテンツは相対的に増大している。次に、エンタテインメントコンテンツの消費傾向。世界的に、映画やドラマはドキュメンタリー的、リアリティ的なものが好まれる傾向にあり、**しみじみくるコンテンツはよりPRの主戦場であるノンフィクションに近づいている。**

こうしたことから、PRの立案や展開時に、シナリオライターや作家、ノンフィクションを得意とする映像作家やプロダクションと連携する必要がある。

「しみじみ」のポイント

1. 「しみじみ」させるとは、感情を揺さぶり、
当事者意識を持たせること。
自己投影できるストーリー性が必要

2. ファクト（事実）の信頼性を高めるための
不特定多数のＰＲ実験対象者が、
感情移入を阻むこともある

3. 人を動かす「しみじみ」は、
その人が持っている潜在的な本音
（インサイト）と密接である

この章で紹介した事例

- フィリップス「Breathless Choir」
（呼吸器疾患患者の合唱団）プロジェクト
→ 226ページ

- レッド・ウィングの「#LABORDAYON」キャンペーン
→ 236ページ

- 「リステリン」のネット動画
→ 242ページ

第9章

「かけてとく」の要素 ——「機知性」の発揮

PRクリエイティビティの真髄は「とんち」にある

PRを極めれば「一休さん」にたどりつく?

「あわてないあわてない。ひとやすみひとやすみ」

一休さんのこのセリフになつかしさを感じる方も多いのではないだろうか。僕も小学生の頃放映されていたアニメは大好きで、毎週欠かさず見ていたものだ(ちなみにアニメ『一休さん』は、2007年に『ワンピース』に破られるまで最長話数の単独作品だったそうだ!)。

そんな一休さんのエピソードは数多いけれど、たとえばこの話が有名だ。

一休さんをお城に呼んだ将軍さまが言いました。

「一休どの、そこにある屏風にトラがおるな。こいつが毎晩のこと屏風から抜け出して悪さをしおる。そのトラを縛りあげてくれぬか」

「わかりました。お安いご用です」

一休さんは腕まくりをして縄をにぎり、将軍さまに向かってお願いしました。

「将軍さま、いまです！ トラを屏風から追いだしてください！」

現代ふうにいうと、かなりの「むちゃぶり」だが、一休さんの返しは実に痛快。足利義満が一休に出した問題のひとつ、いわゆる「屏風の虎退治」のエピソードだ。

さて、ここで切り返しの武器になっているのが、「とんち」。そう、一休さんといえば「とんち」なわけだが、実はこのとんちがPRと関係してくるのだ。

「え？ アメリカで発達したPRと、日本の一休さんにどんな関係が？」

疑問はごもっとも。では手がかりを提供しよう。

とんちを漢字で書くと、頓智もしくは頓知。その意味するところは、「とっさの場合にすばやく働く知恵。機知。（『大辞林』）」。現代的に言いかえれば、「状況を的確にとらえた上で考えられた、リアルタイム性と機知性を持ったリアクション」というところか。どうだろう、グンとPRっぽい響きになってきたのではないだろうか？

似たものに、いわゆる「なぞかけ」がある。「〇〇とかけて××と解く。そのココロは？」というお馴染みの問いかけだ。このなぞかけも、実は高い教養とユーモアセンス、そして機知が必要だといわれている。

何年か前にネットで話題になった、こんな話があった。ある小学校の先生が理科のテストで出題した。「氷が溶けたら何になるでしょう？」

全員が「水」と答える中、ひとりの女の子がこう答えた。「春になります」。

一休さんのとんちにしても、なぞかけの話にしても、そこには高い「機知性」が感じられる。「ただただ楽しくおかしい」でもなく、「思わずクスッとなる」ともちょっと違う、もちろん「アホらしい！」でもない……言うなれば、「こいつは一本とられましたなあ！」という感じ。そういう感覚。横文字でいうと、ユーモアでもなくエスプリでもなく、「ウィット（機知）」がもっとも近いはずだ。そして、それこそが、現代的なPRにとって重要なポイントになってくる。

これが、6要素の最後を飾る、「かけてとく」の要素だ。

この章では、ＰＲにおいて「機知性」の発揮がいかに重要か、またそれがどのような効果をもたらすのか、ＰＲクリエイティビティの観点から話をしていこう。

屋外広告にカビだらけのハンバーガー!?
バーガーキングの奇抜な施策の狙いとは

奇抜なアイデアのＰＲで話題を呼ぶことで定評のある、日本でも人気のハンバーガーチェーン「バーガーキング」。２０２１年のカンヌライオンズでもインパクトある施策で話題をさらった。

その名も「The Moldy Whopper（カビの生えたワッパー）」。２０２０年2月中旬に、34日間にわたって腐敗しカビだらけになっていくThe Moldy Whopperを、映像やビジュアルで大々的に公開したのだ。なおワッパー（Whopper）とは、同社の主力商品である大型ハンバーガーのこと。

この施策は何よりまず、そのビジュアルに目が奪われる。なぜならまったく食欲のわきそうにもない、カビだらけのワッパーが鎮座しているからだ。あまりにも見事で圧倒的な映像なので、もはや芸術的でさえある。

普通ハンバーガーのCMならば、したたる肉汁やとろけるチーズ、新鮮な野菜がツヤツヤと輝くジューシーで美味しそうな映像を使うのではないだろうか？　また、こんな疑問も湧いてくる。食品を扱う企業が、なぜカビだらけになっていく自社商品を、わざわざ映像にして広く世間に公開したのだろう？

実はこれ、食品、特にファストフードには添加物がたくさん使われているという世の中の認識を払拭するための施策なのだ。

食品業界はいま、食品添加物が話題だ。世界中の人々は添加物のないクリーンな食品を求めており、特に近年は、サスティナビリティとか、地元で栽培されたとか、オーガニックを謳うブランドや製品にあふれている。バーガーキングもその流れにのり、過去3年間で、世界中で８５００トンの人工防腐剤を除去する取り組みを行っている。

しかし同時に〝オーガニックであること〟をメッセージにのせた製品は世の中にあふれ

ていて、同じような文脈でメッセージを発信しても、その中に埋もれてしまうだろう。シズル感のあるワッパーの映像に「私たちバーガーキングの商品は、人工防腐剤を取り除いた安全な食べ物です！」と真面目にPRしても、あまり注目は集めなさそうだ。

そこで彼らが見せたのが、「人工防腐剤を使っていないからこそ、徐々にカビが生えてくるワッパー」だった。この過激な施策は、屋外広告や動画配信などで徹底的に行われ、世界中のニュースやモーニングショーに取り上げられたことで、バーガーキングの商品が人工防腐剤を含まないことが、広く世間で話題になった。

その結果、バーガーキングの商品の品質に対する認識が変わり、売上高14％アップ、ポジティブな感情が88％アップ、高品質の食材に関する認知が26％アップすることにつながった。もちろん、ネガティブな反応もあるにはあったが、それよりもバーガーキングの人工防腐剤除去の取り組みの評価の方が上回ったのだ。

この施策は、「防腐剤を使っていない」という真っ当な主張を単に声高に叫ぶのではなく、「防腐剤を使っていないから、カビが生える」と視点をずらして、圧倒的なビジュアルで見せつける。その結果、世の中に自社製品のクリーンさを認識させることに成功した。実に「とんち」の効いた事例だ。

「やられた感エフェクト」がもたらすもの

バーガーキングの事例を成功たらしめたのは、ひとえに「とんち」的な要素だろう。もちろん、食品添加物の問題は社会的なものだ（「おおやけ」の要素）。でも、やっぱりこの仕掛けにおいて主役となるのは、なんといっても「うわ、こりゃ一本とられたわい！」という、その瞬間を演出するアイデアだろう。

バーガーキングが伝えたかったメッセージそのものは、とても当たり前のものだ。仮にそのメッセージをお店の前や商品パッケージに掲出したところで、いったい誰が目に留めるだろう？「なぜこんなPRをするんだろう」と僕たちは当然のように思う。そう思っ

図6｜やられた感エフェクト

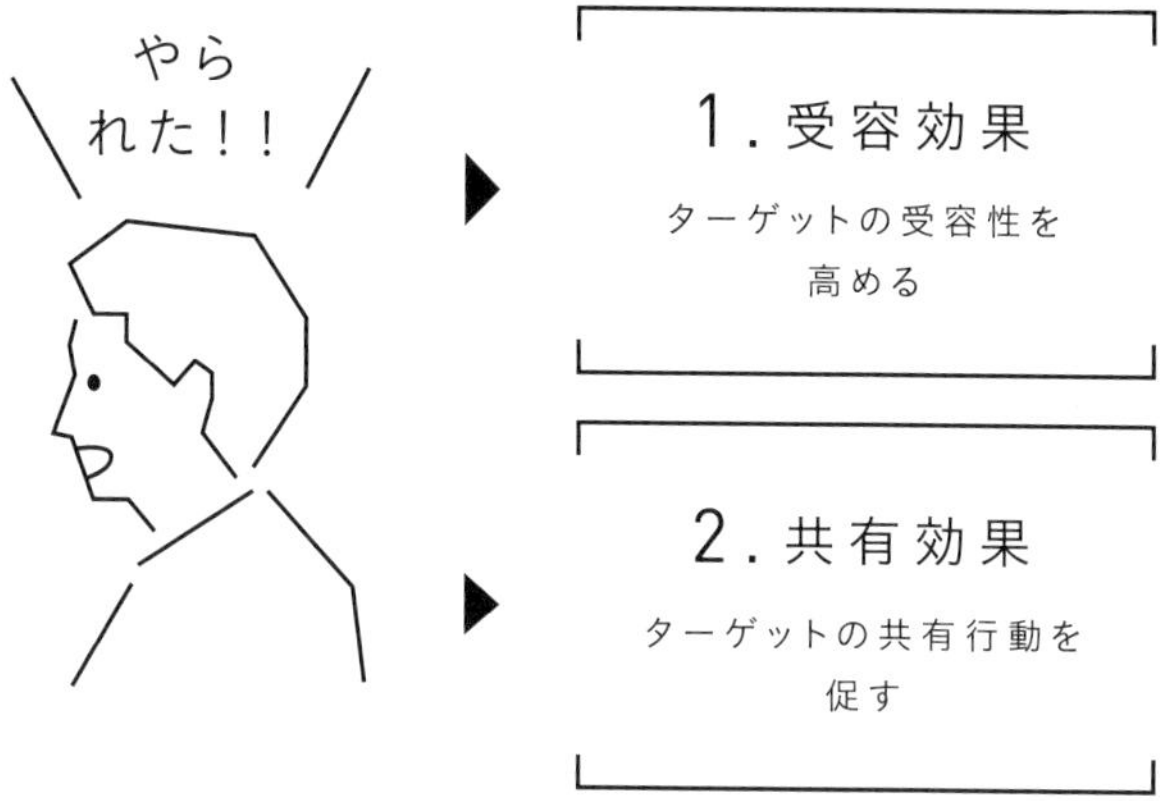
やられた！！
1.受容効果
ターゲットの受容性を高める
2.共有効果
ターゲットの共有行動を促す

てしまう心理を逆に利用したところに、このケースにおける機知性が潜んでいる。「あ、やられた！」と思わせた瞬間こそが、この施策のキモであり、PRを最大化させる効果の起点なのだ。

これが、**「やられた感エフェクト（効果）」**だ（図6）。「やられた感」がもたらす、情報戦略としての影響力だ。この「やられた感エフェクト」をもう少し分析すると、大きく2つの効果に分けられる。「①受容効果」と「②共有効果」だ。

まず**「①受容効果」**。一休さんでもバーガーキングでも何でもいい。この手の話に触れたときの人の顔を想像してみよう。「あ、やられた！」と気づいたあと、人は自然に笑顔になる。そのあと「感心」する。何度もうなずく。そして、「受け入れる」のだ。

心理学的にも、この効果は「ユーモア知覚と説得効果」と呼ばれる分野で実証されている。説得メッセージにおいてユーモアやウィットが果たすメリットは、「注目度の高まり」や「好感度のアップ」などいくつか報告されているが、そのなかに「注意分散効果」というのがある。

米サンディエゴ州立大学のジョージ・ベルチ教授らは、「ユーモア知覚は受け手の注意を分散させ、反論の生成を抑制することによって説得効果を高めることができる」と指摘している。こう聞くと堅苦しいけど、まあ良い意味で「煙に巻く」ということだ。でも、本来伝えたいことが普遍的で社会的なことならなおさら、とんちやユーモアで最初に煙に巻くことに意味はあるだろう。

ＰＲに限らず、マーケティングにおいてターゲットを「レセプティブな状態（受容性の高い状態）」にしておくことは非常に重要だ。たとえそれが素晴らしい商品情報やメッセージだとしても、受容性のない状態で発信しては届くものも届かない。**どれだけ相手が「心を開いた」状態で伝えるか、それが勝負だ。**あらかじめターゲットの受容性を高める方法論はいくつかあるが、「やられた！」という感覚を最初にもたせるのも有効な手段。理屈ぬきにそれを高める効果があるわけだ。

もうひとつが**「②共有効果」**だ。本書でも一貫した大きなテーマのひとつが情報の共有と拡散。人はさまざまな理由で情報をシェアしたりしなかったりする。

米ペンシルバニア大学ウォートン校のマーケティング准教授ジョーナ・バーガーは、人が情報を共有する理由を6つに整理した。「ソーシャルカレンシー」「トリガー」「感情」「人の目に触れる」「実用的な価値」「物語」の6つだ。この中でいえば、「やられた感エフェクト」による共有効果は「ソーシャルカレンシー」にあたるだろう。

ソーシャルカレンシーとは、自分が他人からどう見られたいか、という動機にあたる。ひらたくいえば、「ドヤ顔」できる話かどうか。世の中にはさまざまな情報があるが、ちょっと気の利いた話やひねりのきいた話題というのは、それを話しているあなたの印象にも影響する。発信しているあなたも気の利いた人間に見えてくるわけだ。

本章の冒頭で紹介した「氷が溶けたら何になる？」のエピソード。僕自身、この話を何かで知ったあとに、無性に人に話したくなった。なぜか話さないとムズムズして、とにかく共有したかった（そして、共有しているときはもれなくドヤ顔になっていたはずだ）。

とんちの利いた話というのは、それ自体がすでに**「シェアラブル・コンテンツ（拡散性の高い情報）」**になっている。


どうだろうか。「やられた！」と思わせること、つまり機知性の高いコミュニケーションを行うことは、単純に気の利いた表現を目指すことではない。受容性の向上や拡散性の強化といった、本質的なPR効果を狙うために大切な要素なのだ。

欧米のコメディでは、ウィットに富んだセリフのあとには喝采が起きる。日本の「笑点」では、拍手のみならず座布団がもらえる（笑）。人間の機知がもたらすものはさまざまだが、PRでもここに示したような効果が期待できるわけだ。

反トランプなら米国に行こう！
ロイヤル・ヨルダン航空のディスカウントキャンペーン

２０１６年11月、ドナルド・トランプ元米大統領がまだ共和党の大統領指名候補だった頃のことだ。選挙戦の途中、イスラム教徒の米国入国を禁止することをにおわせ、その発言に世界中の注目が集まったことがあった。

ヨルダンは人口の９割以上がムスリムの国。当然、ロイヤル・ヨルダン航空（以下、ヨルダン航空）としては、トランプ氏の発言は遺憾で許しがたいものだった。ところが、あらゆる企業がトランプ氏の発言に抗議する中、ヨルダン航空は抗議の代わりにユニークなキャンペーンを実施したのだ。「まだ入国できるうちに米国へ旅行を！」というキャンペーンだ。

内容はごくシンプル。「行けるうちに米国に行っておこう」ということで、米国便の航空料金のディスカウントを行ったのだ。さらに驚かされるのが、そのスピード感。トランプ氏の問題発言からわずか24時間後には、キャンペーンの内容がヨルダン航空のフェイスブックページに用意されていたのである。

加えて、国内のセレブリティ12人をセレブジャーナリストとして米国に送り込み、旅行の様子をソーシャルメディアで発信してもらう。ヨルダン国民もこれに続けと米国各地の観光地で次々と自撮りし、ソーシャルメディアに投稿。ヨルダン国民とヨルダン航空が一体となり、キャンペーンは大変に盛り上がったのだ。これにより、ヨルダン航空の米国便の予約数は前年比150％に向上。ウェブサイト訪問数は300％増という驚異的な数字を叩き出した。そして何より、このキャンペーンはほとんどコストがかかっていない。

このキャンペーンで、国内外におけるヨルダン航空の評価はうなぎのぼり。ヨルダン国民だけでなく世界中が同社に注目し、ウィットに富んだ対応を絶賛。わずか24時間でキャンペーンを発表するというリアルタイムレスポンスも功を奏し、ブランドイメージを高めることにもひと役買った。ともすればデリケートな対応を求められる事柄を、まさに「かけてとく」の法則でユニークなキャンペーンに昇華させた素晴らしい事例だ。

PRに求められる「とんちクリエイティブ」

ところで、世界のコミュニケーション業界には長い間（あるいは、いまこの瞬間にも）、「広告はユーモアにあふれ、広報はマジメさにあふれている」という不文律のようなものがあった。広告とPRの垣根がどんどん曖昧になっているいま、もはや意味のない視点ではあるけれど、たしかに、そういう側面はあっただろう。

本書を読んでいるあなたも、あなたのまわりの業界人を思い浮かべてほしい。広告宣伝の仕事をしている人、広報やPRの仕事をしている人、それぞれ3人ずつ。どうだろうか？（いや、偏見があるわけではないのだけれど。念のため）。

これはどっちが良いかという話ではないし、広告はフィクション表現の専門家集団であり、PRは事実ありきのノンフィクション領域の専門家集団であったというそもそもの成り立ちを考えれば、自然なことだ。

たとえばニューヨーク。1960年代の広告業界を描いた米ドラマシリーズ『マッドメン』の世界。一方で、ジャーナリストの集団が中心となって起業した大手PR会社の世界。どちらも、同じマンハッタンを根城に巨大化していった。「広告はユーモア、PRはマジメ」のようなイメージは、こうした進化の中で醸成されていったのだ。

そしていま、世界のPR業界が掲げるキーワードのひとつが**「クリエイティビティ」**だ。第3章でも話したとおり、世界のPRパーソンはもっともっとクリエイティブになろうとしている。「もうマジメ一筋じゃ食っていけませんから」と言わんばかりに、だ。しかし、このクリエイティブという言葉の定義はとっても広い。表現ノウハウから発想法にいたるまで、これまでになく「クリエイティブかどうか」が問われる時代になった。

では、PR的なクリエイティブとは何なのか。これについては世界でさまざまな言説が飛び交っているが、僕が主張したいのは、**PRが得意なのは、機知性がもたらすクリエイティビティ**――ここでいう「とんちクリエイティブ」ではないかということだ。

とんちやウィットの感性は、バーガーキングやヨルダン航空の事例をあげるまでもなく、非常にクリエイティブなものだ。想像やフィクションの世界ではなく、**身も蓋もない現実をベースに、いかに「軽やかに」伝えて目的を達成するかという創造力**。僕はこのことが、現代的な企業やブランドのコミュニケーションにマッチしていると考える。

ソーシャルな時代、企業に求められるのはある種の「軽やかさ」だ。いまや生活者は、知人も企業もブランドも同枠で評価する。そこでは「ウソをつく人」「重すぎる人」「アピールする人」は敬遠され、「正直で軽やかな存在」が受け入れられる。とりわけSNSの情報シェアに関しては、生活者の実に76％が「共感されたい」志向であり、「アピールしたい」志向の14％を大きく上回っているというデータもある（インターネット広告代理店オプトが2016年に実施した「デジタル時代におけるブランド消費の価値観」調査より）。ファクトを伝えるPRは「正直」は常に担保してきたが、軽やかであったかは疑問だ。

とんちは日本の専売特許だけれど、PRにおける「とんちクリエイティブ」については、日本は世界の中で出遅れているように感じる。日本人というのは、ふだん社会や集団に抑制されているだけに、刹那的な「お祭り騒ぎ」が好きな一面がある。そのことに起因するかどうかはわからないが、日本の広告やPRには残念ながら「賑やかし」で終わってしまうものが少なくない。

面白おかしく話題を喚起するバズムービーなどは日本のお家芸ともいえる（日本に閉じている事例が多いのも事実だが）。アテンション獲得には機能したりするし、それはそれで否定しないのだけど、一休さんを生んだ国としてはどうなんだろう。もっともっと、僕たちは「とんちクリエイティブ」を発揮すべきじゃないだろうか。

「かけてとく」を使いこなす

機知性の発揮は、まだまだ既存のＰＲに欠けている要素だ。だからこそ、これからの時代に有効なアプローチなのは間違いない。

またこれは、ＰＲならではのクリエイティビティとは何かという議論にも直結している。ここでいうクリエイティビティとは、ＰＲ資材をキレイに美しくつくることではない。ただ面白いことや突拍子もないことをやることでもない。まずは、人を動かすアイデアかどうかだ。**そのアイデアが、いままで見たことのないクリエイティブなもの（創造性やオリジナリティ）かどうか**だ。

「おおやけ」や「そもそも」の観点からPRテーマが生まれた後に、「かけてとく」の発想を注入することで、そのPRキャンペーンが気の利いた見え方になり、結果的に効果のあがるものになりやすい。こうしたPRクリエイティブは、いわゆる広告クリエイティブとは一線を画す場合も多い。広告系のクリエイティブディレクターが参画してもうまくいくとは限らない。世界的にもまだまだ余地のある領域なのだ。

「かけてとく」のポイント

1. PRにおけるクリエイティビティとは、
「状況を的確にとらえた、機知性を持った
リアクション」である

2. 「やられた！」という反応を与えることで、
ターゲットの「受容効果」と「共有効果」が高まる

3. PRクリエイティブには、「リアルタイム性」も重要。
世の中で起こっていることに反応する
タイミングに工夫がいる

この章で紹介した事例

・バーガーキング
「The Moldy Whopper（カビの生えたワッパー）」
→ 251ページ

・ロイヤル・ヨルダン航空の
ディスカウントキャンペーン
→ 259ページ

終章

世界を動かすＰＲ

「日本発」で動かす

さあ、いよいよ終章だ。ここで、これまでをざっと振り返ってみよう。

情報洪水と消費飽和の時代には、「買う理由」そのものを世の中に創出する必要がある。商品のスペックよりも、「なぜそれを買う必要があるのか」という理由のほうが消費者にとっては重要だからだ。

買う理由をつくるということは、いわば世の中の「いい××」を再定義すること。これが「属性順位転換」であり、新たな市場創造にも直結する。この下地をつくるのが戦略PRである。

戦略PRの目的はビヘイビアチェンジ（行動変容）。なんらかの情報を世の中にばらまくことではなく、人の行動を変えることが、その目的だ。

では、どうやって人の行動を変えるのか。その戦略を立てるために不可欠なのが、「社会関心」だ。商品そのものをPRするのではなく、社会関心――「みんなの気になること」

に目をつける。世の中に新しい関心をつくりあげたり、潜在的な関心に目をつけたり、やり方はいろいろあるが、**社会関心をいかに「料理」するかという発想**が必要になる。

そして戦略PRの「6つの法則」。社会性を担保する「おおやけ」、偶然性を演出する「ばったり」、信頼性を確保する「おすみつき」、普遍性の視座である「そもそも」、当事者性を醸成する「しみじみ」、機知性を発揮する「かけてとく」。PRの立案実施には、これらの6つの要素がポイントとなる。

以上が、ここまで本書で主に述べてきたことだ。

PRという領域では、まだまだ日本は世界のダイナミズムに立ち遅れている。そのことで少なからず損もしているけれど、(本書では何度も繰り返しているように)それはチャンスでもある。これからの日本は、もっともっと世界の人々を「動かして」いかねばならない。そのときに必ず必要になるのが、本書で述べてきたPRの発想やノウハウなのだ。

最終章では、「日本発で世界を動かす」という可能性についてお伝えしていこう。

「世界が買う理由」をつくる

２０１６年は、日本発コンテンツの元気がとても良かった年だ。

ピコ太郎の『ＰＰＡＰ』は、公開からわずか2ヶ月足らずの２０１６年10月にユーチューブの週間再生回数ランキングで世界1位となり、米ビルボードの77位にチャートインした。ジャスティン・ビーバーが「お気に入りだ」とツイートしたこと、それをＢＢＣやＣＮＮが報道したことで一気に世界に広まった。インフルエンサーとメディアの相乗波及で何かが広まることは珍しくないが、注目すべきはリーチ規模に対するそのスピードだ。

空前の大ヒットとなった映画『君の名は。』は、『ＰＰＡＰ』と同じ２０１６年8月に公開され、公開16週目で興行収入２００億円を突破。２０１７年2月時点で、日本における歴代ランキングの2位となった。公開17日で興行収入5億３０００万元（約90億円）と大ヒットした中国をはじめ、台湾、香港、タイ、韓国など海外でもヒット。ついに『千と千尋の神隠し』を抜いて、「世界でもっとも稼いだ日本映画」となった。

こうしたコンテンツのヒットは、僕たち日本人に大きな勇気を与えてくれる。

だがしかし、こうしたエンタメ系コンテンツの世界的なヒットはまだまだ限定的だ。世界で勝負する日本の企業や組織の多くが、体系的かつ戦略的なマーケティングやPRを仕掛けられていない。もはや、グローバル競争に必要なのは、拠点やネットワークではないのだ。

日本を代表する、あるグローバル企業のマーケッターがこうボヤいていた。

「拠点や現地におけるパートナーシップはもう充分。問題は、マーケティングが戦略的に仕掛けられず、すべてが『セリング』になってしまうこと」

それはそうだ。こちらにノウハウがなければ、現地の販社や流通の意向におされ、ゴリ押しの「売らんかな」になってしまうことは容易に想像できる。

世界に向けて「買う理由」をつくりだすには、一方的な広告やプロモーションでは太刀打ちできない。なにしろ世界の競合はPRにおいては百戦錬磨だ。事業目的を達成するために、どのような行動変容を起こせばよいか、既存の認識を変える必要があるか、そのためにどんな情報を露出させればよいか。「PRのピラミッド」を逆算して、戦略を立てる必要がある。

「関心テーマ」のフレームを応用する

第2章で紹介した「関心テーマ」のフレームワークを思い出してほしい。このフレームは、日本のみならずグローバルにも応用できるものだ。企業や商品といった「あなたの関心」を、世の中の「みんなの関心」とどう結びつけていくか。これは普遍的なフレームであり、むしろ商品と社会に距離感が生まれる世界市場では、なおのこと必要だ。ではもう一度、「関心テーマ」をおさらいしてみよう（79ページ・図2参照）。

3つの要素を結ぶ真ん中に「関心テーマ」がある。この三位が一体となる「テーマ」を見出し、そのテーマを世に広め増幅させることを目指す。この戦略の立て方は普遍であるが、「世界を動かす」場合には、いくつか留意しなければならない点がある。それぞれの要素ごとに整理してみよう。

1　商品便益　商品やサービスが提供する機能、既存品や競合との差別化ポイント

日本人ではない客観的視点をいれた、「翻訳」が必要になる場合がある。たとえば日本では当たり前のニーズが、他国では当てはまらなかったりする。「日本」ということ自体が差別化ポイントになることもあり、便益性がどこに見出せるのかは、日本市場とは違った観点で再検討する必要がある。

2　世の中の関心事　世間や第三者が気になっていること、世間の話題

グローバルイシューやローカルイシューの理解、分析が欠かせない。「おおやけ」の章でも述べたように、世界のPR成功例はグローバルイシューをうまくとらえているものが多い。日本人には自分ゴトに感じられなくとも、活用しうる社会関心は少なくない。なぜ

それが関心事になっているのか、そのコンテクスト（文脈）もしっかり把握する必要がある。

3　生活者の関心事とメリット　商品やサービスを使う人が抱えている問題、その解決

その地域のコンスマーインサイト（生活者が気になっていること）の調査分析が欠かせない。どうすればその関心やインサイトに寄り添うことができるかが重要だ。また、地域や文化の異なる複数のエリアを包含する場合は、ここをあまり細かくとらえると失敗する。国や文化を超える普遍的なインサイトに橋渡し（ブリッジ）する必要がある。

このように、それぞれの要素の判断決定には慎重さがいる。いわゆる「市場調査」も大事だが、こうした観点からのリサーチも必要なのだ。

活用できそうなグローバルイシューとローカルイシューを見極めるために、現地メディアのヒアリングを行う、インフルエンサーと協議するなどの、いわゆる「関心調査」の実施も検討すべきだろう。

さて、ここで本書最後となる事例を紹介したい。日本発で世界を動かした――世界に大きなビヘイビアチェンジをもたらした、ひとりの女性の成功例だ。

「世界で最も影響力のある100人」に選ばれた日本人女性

米タイム誌は毎年、「世界で最も影響力のある100人」を発表している。2015年版では米アップル社のティム・クックCEOや英国の女優エマ・ワトソンなどが名を連ねるなか、2人の日本人が選出された。ひとりは小説家の村上春樹氏。そしてもうひとりは、片づけコンサルタントの近藤麻理恵氏だ。

2019年、こんまりこと近藤麻理恵氏のドキュメンタリー番組『KonMari～人生がときめく片づけの魔法～（Tidying Up with Marie Kondo）』は、米エミー賞（テレビ番組のアカデミー賞と呼ばれる）で2部門にノミネートされた。ネットフリックスで世界

190ヶ国に配信された同番組で、「こんまり」は名実ともに世界に知られる「ブランド」となった。

さて、錚々たるセレブとともに選出された「近藤麻理恵」という女性が何者なのか知っている人は、日本ではどのくらいいるだろう？　――いや、愛称の「こんまり」のほうが通りがいいかもしれない。

彼女の著書『人生がときめく片づけの魔法』（以下、片づけの魔法／サンマーク出版刊）は2010年12月の発売以来、日本では158万部、電子書籍ダウンロード数10万部（2016年10月現在）、米国では223万部、電子書籍は45万部を達成。ちなみにこの本のシリーズは世界25ヶ国以上で発売されていて、紙、電子を合わせると全世界で累計約700万部も売り上げている、モンスターのような書籍なのだ。

『片づけの魔法』はいわゆる整理、整頓、収納のハウツーをまとめた本として、書店では料理や子育てなどと同様、女性がよく立ち寄る棚に置かれる場合が多い。

このように、一見とても内向きな内容――つまり、ビジネスやスポーツ、音楽などの世界展開へのハードルが比較的低いジャンルと違い、ドメスティックな〝家事〟というカテゴリーでありながら、なぜ全世界でこれほどまでに売れるようになったのだろうか？

　ここでは海外展開を中心に紹介していくので国内での展開は詳《つまび》らかにしないが、刊行前からのさまざまなPR活動により、『王様のブランチ』（TBSテレビ）や『おはよう日本』（NHK）、『中居正広の金曜日のスマイルたちへ（金スマ）』（TBSテレビ）などのテレビ番組で紹介され、さらに新聞や交通広告などの効果から、2011年9月には日本国内でミリオンセラーを達成している。

　海外展開として見れば、ミリオンセラーを達成した2011年の段階で台湾、中国、韓国での出版が決定していた。ただし、これらの国々では日本の出版物の版権（ライツ）の引き合いは比較的多く、そこから先、そのほかの国々にいかに展開していくかが思案のしどころだったと、サンマーク出版で編集を担当した高橋朋宏氏は言う。

　また、高橋氏が『片づけの魔法』を持って米国の出版エージェントにアプローチした際は、自社刊行物の英文カタログとともに、完全英訳版のサンプルを作成し読んでもらったという。

　もちろん抄訳くらい持っていくだろう、という声もあるだろう。しかし『片づけの魔法』の場合は、そのまますぐに出版できるくらいのクオリティの翻訳を施して乗り込んだ。

よく成功の理由として、キーワードである「ときめき」を「スパークジョイ（spark joy）」と翻訳したのがウケたのだ、という報道がある。もちろん、それも理由のひとつではあるだろう。なぜならサンプル翻訳の段階で、本の内容を深く理解できる翻訳者に英訳を依頼し、米国人の心に刺さる言葉を抽出してもらっていたのだから。しかし、そう単純な話ではない。

メディアがメディアを呼ぶ現象

『片づけの魔法』の米国での発売は2014年10月14日。最初は爆発的に売れたわけではなかったが、それでもアマゾンで100位以内はキープし5つ星のレビューが並んでいた。その中でも長めのレビューのほとんどが「本のとおりに片づけをやってみた」という内容で、高橋氏はそのレビューを読んで米国での成功を確信したという。

発売から約1週間後の10月22日、なんとNYタイムズに著者インタビューが1ページほどの大きい記事で掲載された。この記事が起爆剤となり11月にはAP通信の記事が世界各国のメディアに配信され、年明けの2015年1月にはウォール・ストリート・ジャーナルに著者インタビューが載る。この記事により1月頭から2ヶ月ほどの間、アマゾンではランキング1位をキープした。

PR的に見れば、3ヶ月の間に影響力のあるメディアに露出を集中投下できた、非常に理想的な展開だ。そして、米タイム誌の「世界で最も影響力のある100人」選出の連絡が出版社に来たのは2015年3月。米国で発売してからたった5ヶ月後のことだ。

とはいえ、いくら話題の本の著者だとしても、それまで誰も名前さえ知らなかった人物がいきなり「影響力のある100人」に選ばれるとは考えにくい。この5ヶ月の間に、米国中で「片づけ」というビヘイビアチェンジ、つまり「片づけ」ムーブメントがものすごい勢いで巻き起こっていたとしか考えられないのだ。

ちなみに「世界で最も影響力のある100人」に近藤麻理恵氏を推薦したのは、女優のジェイミー・カーティス。しかし、米国のエージェントは彼女に献本などはしていない。

カーティスが自ら『片づけの魔法』を選んで読み、〝片づけ〟を実践し、「影響力のある100人」に推薦したのだ。

では、いったい何がそんなにウケたのだろう？

『片づけの魔法』のキモは、「モノを捨てる」「収納場所を決める」の2点。モノを捨てる際の判断が、必要か不必要かではなく、モノに「ときめく＝スパークジョイ」か否かという基準が大人気になったという。そして「片づけをすることでマインドがリセットされて人生が変わる」という著者の信念。米国ではこれが非常にクールな新しい片づけ方として認識された。

加えて「日本」というブランドから漂うスピリチュアル、オリエンタリズムの匂い。著者がかつて神社で巫女をしていたというエピソードと相まって、米国や英国のメディアからの取材で必ずあった質問が、神道と「片づけ」の関係についてだそうだ。モノに魂が宿っているという感覚、モノに対して「いままでありがとう」と感謝してから捨てるという、欧米人が考えたこともなかった感覚が、米国人の心に刺さったのではないか、というのが高橋氏の見立てだ。

「片づけ」の行動変容が起こった

いかがだろう。メディア露出の連鎖やインフルエンサーの推奨などを重ね、見事に世界を動かし世界的ベストセラーとなった『片づけの魔法』。

これを、戦略PRのフレームワークで解説していこう。まずは、一連の流れを「PRのピラミッド」に当てはめて、情報の露出がどう行動変容につながっていったかを俯瞰してみよう。

1　パブリシティ

まずは最下層の、パブリシティによる「情報の露出」だ。

『片づけの魔法』では、NYタイムズの1ページを占める著者インタビューが起爆剤となる。世界120ヶ国の約5000のテレビ・ラジオ局、約1700の新聞社と契約するAP通信が記事を配信。世界的な露出が実現した。さらに世界的な経済紙であるウォール・ストリート・ジャーナルにも著者インタビューが掲載された。

『片づけの魔法』の紹介ではあるものの、露出しているのは著者である近藤氏自身であり、インタビューを通じてその信念が伝達されている。また、書籍が爆発的に売れるに従って、「売れている」という報道パブリシティが増えていった。

2　パーセプションチェンジ

次の階層はパーセプションチェンジだ。パブリシティ露出に触れた人々の中で、どのような「認識の変化」が起こったのか。

『片づけの魔法』の場合、これはひとえに、「『片づける』という行為を見直した」ことにつきる。「片づける」という概念は世界中の人がもともと持つもので、全く新しい何かではない。だからこそ、「片づけることで人生が変わる」という発想に目からウロコを落としたわけだ。

これまで持っていた、「片づける＝モノを整理したり捨てたりする行動」という認識が、「片づける＝自分の人生を変える行動」という新しい認識に変化した。同時に、片づけに対する「退屈で面倒」という認識が、「クールで素敵」へと変化した。

3　ビヘイビアチェンジ

ピラミッドの最上階が、ビヘイビアチェンジ（行動変容）だ。パブリシティが人々のパーセプション（認識）を変え、その結果行動が変わったり、新たな習慣が始まったりする。

『片づけの魔法』で世界の人々がとった行動は大きく3つだ。

まずは当然ながら、『片づけの魔法』を購入して読むこと。次に、この新しい発想を周囲にクチコミすること。そして最後に、提唱された「こんまりメソッド」に習って片づけを実践すること。

この事例の本質は、「本が売れた」ことではない。世界の人々に、「片づけ」という習慣を促したことにある。それも、「人生がときめく」というまったく新しい目的意識のもとに、だ。おおげさにいえば、「新しい生活習慣を形成した」ということなのだ。

こうして見ると、『片づけの魔法』の成功プロセスは、ぴったりと「PRのピラミッド」に合致する。人々は近藤氏のインタビューや書籍紹介のパブリシティに触れ興味を持つ。この時点で書籍購入の最初の波が起こる。その結果、これまで「片づけ」というものに抱いていた認識がおおいに変わる。

その斬新な体験がクチコミを呼び、周囲を巻き込みはじめる。クチコミに影響を受けた人たちが、さらに書籍購入を後押しする。そして、『片づけの魔法』に感化された人々は、自身の片づけを実践する。その「体験」がまたクチコミとなって波及する。体験自体を周囲に推奨するために、『片づけの魔法』を友人や家族にプレゼントする人々も現れ、本はさらに売れる――こんな具合で、近藤氏は一気に有名人となり、『片づけの魔法』は世界的なベストセラーとなった。

こんまりの「魔法」はなぜ世界を動かすことができたのか？

これを「社会関心」の視点から考察するとどうなるか。
あらためて、「関心テーマ」のフレームワークに当てはめてみよう。

1　商品便益　商品やサービスが提供する機能、既存品や競合との差別化ポイント

「SHINTO（神道）」を連想させる新しいマインドリセットの方法論。いままでにないクールな発想でマインドをリセットできる——これが、世界における『片づけの魔法』の翻訳された「便益」だ。この成功は、単なる書籍のヒットというより、「人生を変える新たな方法論」が売れたといったほうが正しい。これは日本における『片づけの魔法』のヒットにはない文脈だ（日本人が日本人に売るのだから、それはそうである）。

2 世の中の関心事　世間や第三者が気になっていること、世間の話題

欧米先進国を中心に蔓延する閉塞感。多くの先進国では、「国民満足度」が40％をきっている状態が続いており（米ピュー研究所調べ）、人々はそれぞれの「Meaning of Life（生きる意味）」を模索している。こうした社会的な閉塞感は、イギリスのＥＵ離脱やアメリカのトランプ大統領誕生につながっている。

3 生活者の関心事とメリット　商品やサービスを使う人が抱えている問題、その解決

広義の、「整理（Organize）したい」という欲求。平均的な家庭に約30万の「物」があり、一人平均で一生の153日にあたる時間を探し物に費やす（！）という米国のように、「モノを整理できる」というメリットは大きい。それに加えて、「人間関係や生き方そのものを整理したい」というインサイトにも『片づけの魔法』は対応した。

もちろん、近藤氏や出版社が、最初からこうした戦略フレームワークを持って展開した

わけではない。だが累計1200万部以上という実績は、プロモーション展開というより「社会関心と紐づいた」と考察すべきだ。日本発で成功した『片づけの魔法』も、このフレームで説明がつく。

前述したように、日本国内とは異なる便益の「翻訳」があり、それが世界的な社会関心とつながる。そして「片づけ」の行動変容が起こり、ムーブメント化する。それが、商品（書籍）の売り上げにつながっていったのだ。

日本企業は強みを「翻訳」し、世界の「関心」につなげよ

『片づけの魔法』の成功は、多くの日本企業にとっても示唆がある。「なぜか外国人にウケた片づけ本の話」で片づけてはいけない。世界に向けたPRで成功するためのヒントがおおいに詰まっている。

本書の第3章でも述べたように、日本はPRが得意とはいえない。その理由を分解して

いくと、2つの要因があることに気づく。ひとつは、「相手の関心」の活用が下手なこと。もうひとつは、「自分の強み」をうまく翻訳することが下手なことだ。

「買う理由」がこれまでになく必要なのは、多くの先進国に共通していること。また東南アジアやアフリカなどの諸国では、**いかに人々の生活習慣に入り込むかが最重要なマーケティング課題**だ。いずれにしても、そこでPRの果たす役割は大きい。本書で解説してきたPRノウハウが不可欠になる。

PRは世界のムードメーカー

「PRは社会のムードメーカーである」ということだ。それができるパワーが、PRにはある。みんなが思っているより、「みんなが知ったほうがいいこと」は世の中に存在するのだ。良い商品、スゴイ技術、素晴らしい人、素敵な場所、意義深い活動、共感できる考え方。いくら情報の洪水に埋もれていようが、それはとっても意味のある情報なんだと思う。

『戦略ＰＲ』（アスキー新書）

いよいよ、残りも少なくなってきた。まだまだ語り尽くせないことはあるのだが、そろそろクロージングの頃合いだ。ところで、本書の筆をおくにあたって、最後に言いたいことは何かと執筆中も思案を続けていた。数ヶ月も続けていたのだが、いよいよその時を迎えると、言いたいことは今も同じである。そう、ＰＲは社会のムードメーカー、ひいては世界のムードメーカーなのだ。

世界はますます複雑化し、ソーシャルメディアには無数の「世論」がはびこる。テクノロジーは進化を続け、僕たち人間がすべき仕事は何か問われている。そんな世の中に生きていて、僕はＰＲの重要性は増すと信じている。ビジネスや社会活動の「要」をＰＲが担う時代は、もうすでに目の前にあるのだ。

この章で紹介した事例

- 『人生がときめく片づけの魔法』による
  海外での片づけブーム
  → 275ページ

おわりに　――ＰＲとは、情報を社会に増幅させる企てである。ただし健全な。

近代ＰＲの歴史は、おおまかにいって１００年くらいだ。本書で何度か触れたように、パブリックリレーションズの起源は米独立戦争にあるが、体系化される源流は米国の鉄道会社にある。広大な国土における鉄道インフラ整備には、社会理解と合意形成が欠かせなかった。

米国のＰＲ会社第一号は、１９００年にボストンで設立された「パブリシティ・ビューロー」だ。６年後の１９０６年、大手通信会社のＡＴ＆Ｔが大規模なＰＲキャンペーンを開始。同社の存在意義を世に知らしめるためのキャンペーンで、今でいうコーポレートコミュニケーションの原点といえる。

その後、「ＰＲの父」と呼ばれるエドワード・バーネイズが全米で８番目のＰＲ会社を１９１９年に設立。バーネイズは１９２０年代、タバコ会社のために女性喫煙者を増やすキャンペーンなどで活躍した「戦略ＰＲ」の元祖だ。彼が１９２８年に発刊した『プロパガンダ』によって、社会や人を動かすPR手法は体系化され、世界に広まっていく。

1945年の敗戦後、GHQによってPRが日本に導入された。しかし日本のPRは、その後いささか世界とは違う道を歩きはじめる。1956年、「もはや戦後ではない」の宣言とともに、日本は高度経済成長期に突入し、大量生産・大量消費を背景に企業はこぞってマーケティングを導入。そのほとんどはマス広告中心となり、この時点で日本のPRは広告を補完する「パブリシティ」に成り下がった。


100年の間、「PRとは何か」にはさまざまな定義や言説が生まれた。社会との対話の必要性から生まれたPRだが、本書で述べてきたように、いまや多様なインフルエンサーとの関係やソーシャルメディアの登場による生活者とのつながりまでが網羅される。

PRの正体とは何なのか。20年近くPRの仕事をしてきて、僕の中でしっくり来る定義はこうだ。

「ある情報を社会に増幅させる企て」

ポイントは3つ、「社会」「増幅」「企て」である。

「はじめに」でも触れたように、PRは「社会が舞台」。目的が営利だろうと非営利だろうと、公共性や普遍性はPRの要だ。次に「増幅」だが、僕はこれがPRの中核的な醍醐味だと思っている。ある情報や話題が広がるアンプを設計するようなものだ。そして「企て」。PRには常に「仕掛けの意図」がついてまわる。

ただし、最後にひとつ、とっても大事な念を押しておきたい。それは、その企てが「健全であること」だ。「PRの父」であるバーネイズも、90年前にこう記している。

PRはその職務に際しては公正であるべきだ。その仕事は大衆を騙したり、たぶらかしたりするためのものではないことを、ここでもう一度述べておく必要があるだろう。

（『プロパガンダ』1928年）

「健全な企て」であってはじめて、PRの戦略性は価値を持つ。100年もの間、その信念は不変のものだ。企業発信やマーケティングの信頼性に関心が寄せられ、実行者の倫理観が大きく問われている今こそ、PRの果たす役割は果てしなく大きい。

最後に謝辞を。ディスカヴァー・トゥエンティワンの千葉正幸さんと、編集・構成でご協力いただいた本多いずみさん。またお二人と仕事ができて何よりでした。

旧版にて対談させていただいた博報堂ケトルの嶋浩一郎さん、リサーチをご協力いただいた馬場企画の島影真奈美さん、コメントをいただいたクー・マーケティング・カンパニーの音部大輔さんにあらためて感謝します。取材対応いただいた皆様。素晴らしいPR事例や知見に刺激を受けました。日々の仕事を共にする皆様、クライアントやパートナーの皆様。PR業界の皆様。いつの日かまた本に書けるような仕事を、一緒につくっていきましょう。そして、いつも応援してくれる妻と娘に。貴重な週末を執筆につぶして申し訳ない。感謝しています。

あなたの企てが世の中を動かし、よりよい社会が来ることを祈って。

2021年7月吉日　本田哲也

ディスカヴァー
携書
230

最新版 戦略PR
世の中を動かす新しい6つの法則

発行日　2021年8月20日　第1刷

Author　本田哲也

Book Designer　小口翔平＋畑中茜（tobufune）

Publication　株式会社ディスカヴァー・トゥエンティワン
〒102-0093　東京都千代田区平河町2-16-1 平河町森タワー11F
TEL　03-3237-8321（代表）　03-3237-8345（営業）
FAX　03-3237-8323
https://d21.co.jp

Publisher　谷口奈緒美
Editor　千葉正幸（編集協力：本多いずみ）

Store Sales Company
古矢薫　佐藤昌幸　青木翔平　青木涼馬　越智佳南子　小山怜那
川本寛子　佐藤淳基　副島杏南　竹内大貴　津野主揮　直林実咲
野村美空　羽地夕夏　廣内悠理　松ノ下直輝　井澤徳子　藤井かおり
藤井多穂子　町田加奈子

Digital Publishing Company
三輪真也　梅本翔太　飯田智樹　榊原僚　中島俊平　松原史与志
磯部隆　伊東佑真　大崎双葉　岡本雄太郎　川島理　倉田華
越野志絵良　斎藤悠人　佐々木玲奈　佐竹祐哉　庄司知世　高橋雛乃
滝口景太郎　辰巳佳衣　中西花　宮田有利子　八木眸　小田孝文
高原未来子　中澤泰宏　石橋佐知子　俵敬子

Product Company
大山聡子　大竹朝子　小関勝則　千葉正幸　原典宏　藤田浩芳
榎本明日香　王廳　小田木もも　佐藤サラ圭　志摩麻衣　杉田彰子
谷中卓　橋本莉奈　牧野類　三谷祐一　元木優子　安永姫菜
山中麻吏　渡辺基志　安達正　小石亜季　伊藤香　葛目美枝子
鈴木洋子　畑野衣見

Business Solution Company
蛯原昇　早水真吾　安永智洋　志摩晃司　野﨑竜海　野中保奈美
野村美紀　林秀樹　三角真穂　南健一　村尾純司

Corporate Design Group
大星多聞　堀部直人　村松伸哉　岡村浩明　井筒浩　井上竜之介
奥田千晶　田中亜紀　西川なつか　福永友紀　山田諭志　池田望
石光まゆ子　齋藤朋子　竹村あゆみ　福田章平　丸山香織　宮崎陽子
阿知波淳平　石川武蔵　伊藤花笑　岩城萌花　内堀瑞穂　小林雅治
関紗也乃　高田彩菜　巽菜香　田中真悠　田山礼真　玉井里奈
常角洋　道玄萌　中島魁星　平池輝　星明里　松川実夏　水家彩花
森川智美　森脇隆登

Proofreader　株式会社T&K
DTP　株式会社RUHIA
Printing　共同印刷株式会社

ISBN978-4-7993-2774-6

携書ロゴ：長坂勇司
携書フォーマット：石間　淳